论黑格尔哲学的三个原则

何云松　著

西南交通大学出版社
·成　都·

图书在版编目（ＣＩＰ）数据

论黑格尔哲学的三个原则 / 何云松著. —成都：西南交通大学出版社，2019.11

ISBN 978-7-5643-7225-5

Ⅰ. ①论… Ⅱ. ①何… Ⅲ. ①黑格尔（Hegel，Georg Wehelm 1770-1831）– 哲学思想 – 研究 Ⅳ. ①B516.35

中国版本图书馆 CIP 数据核字（2019）第 251956 号

Lun Heige'er Zhexue de Sange Yuanze

论黑格尔哲学的三个原则

何云松 著

责任编辑 郑丽娟
封面设计 曹天擎
出版发行 西南交通大学出版社
（四川省成都市金牛区二环路北一段 111 号
西南交通大学创新大厦 21 楼）
发行部电话 028-87600564 87600533
邮政编码 610031
网址 http://www.xnjdcbs.com
印刷 四川煤田地质制图印刷厂
成品尺寸 148 mm×210 mm
印张 6.5
字数 164 千
版次 2019 年 11 月第 1 版
印次 2019 年 11 月第 1 次
书号 ISBN 978-7-5643-7225-5
定价 35.00 元

图书如有印装质量问题 本社负责退换
版权所有 盗版必究 举报电话：028-87600562

目　录

引　言

　　我最初接触的哲学是作为教科书的马克思主义哲学原理，由此我对哲学产生兴趣。随着学习的深入，我发现要真正把握马克思主义哲学，必须了解西方哲学。而且就哲学这个概念和哲学这门学问的渊源来说，只有西方哲学才是本来意义上的哲学，因此要真正把握哲学也必须学习西方哲学。

　　黑格尔哲学是传统西方哲学的集大成者，也是传统西方哲学与现代西方哲学的分水岭。黑格尔哲学在西方哲学史上的地位无疑是十分重要的。众所周知，黑格尔哲学是马克思主义哲学的直接理论来源之一。因此，在一般地了解西方哲学史的基础上，我把学习和研究西方哲学的重点放在黑格尔哲学。

　　国内外研究黑格尔哲学的人不少，但由于黑格尔哲学的庞大和晦涩，以及研究者的背景理论不同，人们研究黑格尔哲学的观点，特别是在对黑格尔哲学的解读方面，分歧较多，有的甚至截然相反。可见对黑格尔哲学的解读性研究仍是一项很有理论意义的工作。黑格尔哲学对现代西方哲学和马克思主义哲学都有较大影响。西方哲学这门古老并曾经身份尊贵的学科，步入现当代仍进展缓慢甚至身份尴尬，出现西方哲学终结或死了的声音，一门以追求真理为初心的学科始终没有达到科学。如果要重振传统西方哲学或形而上学，进一步研究黑格尔哲学是很有必要的；而解读黑格尔哲学既是研究黑格尔哲学的基础，也是研究黑格尔哲学的一个视角。当下马克思主义哲学的发展也存在一些深层次问题，进一步发展马克思主义哲学显然绕不开黑格尔哲学这个直接理论来源。因此，进一步对黑格尔哲学进行解读性研究也有很强的现实意义。

从研究的视野看，一方面把黑格尔哲学看作一个自足的体系，另一方面把黑格尔哲学放入传统西方哲学史的内在学理中考察，这样的解读性研究做得还不够。作为传统西方哲学集大成者的黑格尔哲学，应该在这个视野下得到深入解读和研究。我的这部书稿，就是在这个视野下，主要从本体论和认识论角度，紧紧结合黑格尔哲学著作原文①，对黑格尔哲学做总体的、一般的解读性研究。

通过研读黑格尔哲学主要著作，我认为黑格尔哲学贯穿着这样三个原则：观念性原则、实体即主体原则、思维与存在同一原则。领会和把握好这三个原则，有助于阅读和理解黑格尔哲学著作。否则，容易出现偏差，甚至南辕北辙，或如堕五里雾，不知所云。这三个原则，分别地看，懂点黑格尔哲学的人对它们都并不陌生。但把它们上升到黑格尔哲学的原则的高度，并作为一个有机统一体放在一起来论述，似乎还没有人这样研究过。我之所以说这三个原则是有机统一的，是因为：一方面，黑格尔哲学本身是一个有机统一的体系，那么贯彻这个体系的原则也必然是有机统一的；另一方面，它们之间的关系是既相互关联又有逻辑次序之分的，这点在后面的论述中会逐步体现出来并明确概述。解读黑格尔哲学，把握这三个原则固然重要，但不能停留在原则层面。因此，我试以这三个原则为指引，具体解读黑格尔哲学的三个重要方面，即黑格尔哲学的主要特征、黑格尔哲学的辩证法、黑格尔哲学的真理观。辩证法是黑格尔哲学的合理内核，这是马克思告诉我们的观点②；真理是黑格尔哲学追求的目标。毫无疑问，辩证法和真理观是黑格尔哲学的重要方面。本书的内容框架大致就是这样。

---

① 本书的原文均引自汉译本。
② 参见《马克思恩格斯选集》（第二卷），人民出版社 2012 年版，第 94 页。

　　当然，以三个原则的方式来解读和阐释黑格尔哲学是不符合黑格尔哲学观点的本意的。因为黑格尔哲学认为只有具有内在必然性发生过程的内容才能称为科学，反对把抽象概括和静态罗列当作科学内容的论证方式。但是，对我们研究者来说，这样概括和罗列又是不可避免的。因为，事实上，人的认识能力决定了，人们只有通过知性的静态方式才能认识辩证的动态的内容。这些静态方式（概括和罗列）包括黑格尔自己也不能避免。黑格尔在《小逻辑》导言中谈到他的哲学可以划分为逻辑学、自然哲学、精神哲学之后就说："所以这种划分部门的观念，实易引起误会，因为这样划分，未免将各特殊部门或各门科学并列在一起，它们好像只是静止着的，而且各部门科学也好像是根本不同类，有了实质性的区别似的。"①所以，姑且允许我以三个原则的方式来解读和阐释黑格尔哲学。其实，黑格尔哲学本身的观点并不都是对的；即使有的对的观点，例如主张辩证地（即正反合模式）阐述哲学，强调过分也就暴露出它的缺陷甚至荒谬了，上述黑格尔自己都不能避免自己所反对的观点便是一例。

---

① 黑格尔：《小逻辑》，贺麟译，商务印书馆 1980 年第 2 版，第 60 页。

第一章
黑格尔哲学的观念论原则

黑格尔是传统西方哲学的集大成者，他建立了一个庞大的客观唯心论的哲学体系。他的哲学以整个世界为论述对象，体系的庞大可谓空前绝后。黑格尔哲学的论述方法（即辩证法）是现代意义上的，但黑格尔哲学的论述对象是传统的，即哲学是包罗万象的学问。在我看来，哲学既是包罗万象的学问，又不能包罗万象。说哲学是包罗万象的学问，是因为它以整个世界为研究对象，是关于世界观的学问。说哲学不能包罗万象，是它不研究作为万象的具体事物。最初古希腊哲学就是名副其实包罗万象的学问，因为那时学科还没有分化，凡是追求真理的学问都囊括在哲学的名下。到了亚里士多德那里，学科有了初步分类；虽然亚里士多德哲学在形式上仍是包罗万象的学问，但学问的内容已经有了分化，只有他称之为第一哲学（形而上学）的学问才是纯粹的哲学。黑格尔很重视古希腊哲学（他的《哲学史讲演录》讲古希腊哲学的部分占一半以上），并继承了亚里士多德哲学的研究对象包罗万象的传统，所以黑格尔既讲纯粹哲学，即逻辑学，又讲应用哲学，即自然哲学和精神哲学，而且讲精神哲学的著作最多。关于黑格尔著作及其版本的情况，张世英主编的《黑格尔辞典》[①]的附录有详细介绍，这里没有必要复述，它也不是我的研究所要关注的。由于黑格尔哲学是一个完整体系，所

---

① 参见张世英：《黑格尔辞典》，吉林人民出版社1991年版。

以不论它的体系多么庞大，哲学著作多么宏富，他的哲学中有一以贯之的东西，即我称之为原则的东西。这样的原则我概括为三个：观念论原则、实体即主体原则、思维与存在同一原则。下面就是我对这三个原则的依次论述。

第一节　观念论是黑格尔哲学的一个原则

黑格尔哲学的"观念论"一词，德文是 Idealismus，英文是 Idealism，常汉译为唯心论或唯心主义，也可译为理想主义或理想性。到底译为什么好，这要根据原文的语境而定，有时也遵从约定俗成的译法。我根据贺麟汉译《小逻辑》的译名，在这里称之为观念论（贺麟也有其他各译名）。黑格尔哲学的观念论的"观念（Ideal）"，并不指感性的意识形式，其内容不是主观意义上的，而是指理性的意识形式，其内容是客观意义上的，在黑格尔哲学著作中指概念、理念、精神等。因此，黑格尔哲学的观念论，用我们熟悉的哲学概念来说就是客观唯心论，黑格尔自己称之为绝对唯心论。

黑格尔说："事实上，真正的关系是这样的：我们直接认识的事物并不只是就我们来说是现象，而且即就其本身而言，也只是现象。而且这些有限事物自己特有的命运、它们存在的根据不是在它们自己本身内，而是在一个普遍神圣的理念里，这种对于事物的看法，同样也是唯心论，但有别于批判哲学那种的主观唯心论，而应称为绝对唯心论。"① 又说："概念的观点一般讲来就是绝对唯心论的观点。哲学是概念性的认识，因为哲学把别的意识当作存在着的并直接地独立自存的事物，却只认为是构成概念的一个理想性的环节。"② 可

---

① 黑格尔：《小逻辑》，贺麟译，商务印书馆 1980 年第 2 版，第 127 页。
② 黑格尔：《小逻辑》，贺麟译，商务印书馆 1980 年第 2 版，第 327 页。

见，黑格尔的观念论是绝对唯心论。

黑格尔在《自然哲学》中说："事物的这种普遍方面，并不是可以归于我们的主观的东西，相反地作为与暂时的现象对立的本体，毋宁是事物本身真实的、客观的、现实的东西，就像柏拉图的理念一样。"①然后在《精神哲学》中又说"概念在其发展的终结阶段，正如在其发展的开始和进展中一样，都是不依我们的任意为转移的"②。可见，黑格尔的观念论是客观唯心论。

为什么说观念论是黑格尔哲学的一个原则？黑格尔本人并没有论述他的哲学有哪几个原则，但我们可以从他的整个哲学体系中概括出几个原则。对有的原则黑格尔也有比较明确的表述，而大致意思如此的表述就多些。这样的表述散见于他的著作，因为这些原则本来就是贯穿在他的各著作中的。

黑格尔在《小逻辑》中明确地说："在自为存在里，已经渗入了理想性这一范畴。……但有限事物的真理性毋宁说是其理想性。……这种认为有限事物具有理想性的看法，是哲学上的主要原则。因此每一真正哲学都是理性主义。"③这里的理想性、理性主义就是观念论。

黑格尔不仅认为观念论是他的哲学的原则，而且认为是哲学的原则。他在《逻辑学》中说："有限物是观念的这一命题构成观念论。哲学的观念论无非是不承认有限物是真的有的东西。每一种哲学本质上都是观念论，或至少以观念论为原则，问题只是这种原则真的贯彻了多少而已。……因此观念论与实在论哲学的对立并无意义。一种哲学，假如把有限的实有本身也算作真的、最后的、绝对的有，

---

① 黑格尔：《自然哲学》，梁志学等译，商务印书馆 1980 年版，第 13 页。
② 黑格尔：《哲学全书·第三部分·精神哲学》，杨祖陶译，人民出版社 2006 年版，第 7 页。
③ 黑格尔：《小逻辑》，贺麟译，商务印书馆 1980 年第 2 版，第 211 页。

就不配承当哲学这个名字；……"①

　　黑格尔这个观点（即每一种哲学本质上都是观念论）当然是偏见。但黑格尔就是以观念论原则来做他的《哲学史讲演录》的，整个哲学史就是观念论的哲学史。其实，黑格尔强调做哲学史要以中立的客观态度去做，不要抱主观偏见，并认为他自己是在客观地做哲学史。黑格尔在《哲学史讲演录》中说："同时复可以使我们不致妄加一些结论和论断给过去的哲学家，这些结论和论断他们从没有做过，也从没有想到过，虽说我们可以很正确地从他们的哲学思想里面推演出来。我们只须忠于历史去进行工作，对于过去的哲学我们只应归给它那些直接给予我们的材料。"②他还进一步明确地说："要求一个哲学史家没有系统，不把自己的意思加进历史，也不把自己的判断暗放进去，这是很对的。哲学史正应该表现出这种公正不倚的态度。"③但是，黑格尔本人实际上做哲学史也不能避免主观偏见，只缘身在此山中。

　　黑格尔不仅主张哲学应当贯彻观念论，还纠正人们不要把观念论理解为主观唯心论。他说："常常有人说，唯心论是这样的一种学说，即认为个人从他自身创造出他的一切观念——甚至当下直接的观念，并从自身里面建立一切。这乃是一种反历史的、完全错误的想法。如果对于唯心论作这样粗糙的了解，那么，事实上在所有的哲学家中，将没有一个人是唯心论者了。"④黑格尔反对人们通常把唯心论理解为主观唯心主义。这反过来表明，黑格尔的观念论是客观唯心论。

---

① 黑格尔：《逻辑学》（上），杨一之译，商务印书馆 1966 年版，第 156 页。
② 黑格尔：《哲学史讲演录》（第一卷），贺麟、王太庆译，商务印书馆 1959 年版，第 46 页。
③ 黑格尔：《哲学史讲演录》（第一卷），贺麟、王太庆译，商务印书馆 1959 年版，第 113-114 页。
④ 黑格尔：《哲学史讲演录》（第二卷），贺麟、王太庆译，商务印书馆 1960 年版，第 193 页。

　　黑格尔大致意思表明观念论是他的哲学的原则的表述散见于各处的有不少，下面举例引用一些。

　　……只有当思想本身被认作基础、绝对、一切其他事物的根本时，才算得有了哲学。[①]

　　哲学以思想、普遍者为内容，而内容就是整个的存在。[②]

　　哲学的历史就是发现关于"绝对"的思想的历史。绝对就是哲学研究的对象。[③]

　　思想不但构成外界事物的实体，而且构成精神性的东西的普遍实体。……当我们把思维认为是一切自然和精神事物的真实共性时，思维便统摄这一切而成为这一切的基础了。[④]

　　概念乃是内蕴于事物本身之中的东西；事物之所以是事物，即由于其中包含概念，因此把握一个对象，即是意识着这对象的概念。[⑤]

　　世界的本质就是自在自为的概念，所以这世界本身即是理念。[⑥]

　　绝对是精神；这是绝对的最高定义。我们可以说，发现这个定义和理解其内容与意义，曾经是一切教养和哲学的绝对旨趣，一切宗教和科学都曾经力求达到这点；惟独

---

① 黑格尔：《哲学史讲演录》（第一卷），贺麟、王太庆译，商务印书馆1959年版，第89页。

② 黑格尔：《哲学史讲演录》（第一卷），贺麟、王太庆译，商务印书馆1959年版，第93页。

③ 黑格尔：《小逻辑》，贺麟译，商务印书馆1980年版，第10页，第二版序言。

④ 黑格尔：《小逻辑》，贺麟译，商务印书馆1980年第2版，第80-81页。

⑤ 黑格尔：《小逻辑》，贺麟译，商务印书馆1980年第2版，第339页。

⑥ 黑格尔：《小逻辑》，贺麟译，商务印书馆1980年第2版，第420页。

根据这种冲动才能理解世界历史。[①]

没有什么地方像在灵魂、而更加是在精神那里那样，为了理解它最重要的就是必须记住观念性这个规定：观念性是对实在东西的否定，但这实在东西同时被保留下来，即潜在地被保存下来了，虽然它并不实存。[②]

永远肯定自己以对抗特殊物的唯一绝对裁判官，就是绝对精神，它在世界历史中表象为普遍物和起着作用的类。[③]

以上引例进一步说明，黑格尔是坚定的观念论者。

黑格尔认为，阿那克萨戈拉是第一个说出思想是世界本质（本原）的人。黑格尔在《精神现象学》中说："因为这样，实际存在就是，阿那克萨哥拉当年作为第一个认识到本质的人所说的那种心灵（Nus）。在阿那克萨哥拉以后，实际存在的性质就更加确切地被理解为 Eidos 或 Idea，即规定了的普遍性或类。"[④]尔后又在《逻辑学》导言中说："阿那克萨戈拉（Anaxagoras）被赞美为第一个说出这样思想的人，即：心灵（nus），思想，是世界的本原，世界的本质须规定为思想。这样，他就奠定了一个理智的宇宙观的基础，这种宇宙观的纯粹形态必然是逻辑。"[⑤]的确，在阿那克萨戈拉的"心灵"（Nus）之前，毕达哥拉斯的"数"、巴门尼德的"存在"都还不是纯粹抽象的本原。但阿那克萨戈拉同时持有种子说，是多元论者。因此，观念论的真正鼻祖是柏拉图。

---

① 黑格尔：《哲学全书·第三部分·精神哲学》，杨祖陶译，人民出版社 2006 年版，第 24 页。
② 黑格尔：《哲学全书·第三部分·精神哲学》，杨祖陶译，人民出版社 2006 年版，第 123 页。
③ 黑格尔：《法哲学原理》，范扬、张企泰译，商务印书馆 1961 年版，第 260 页。
④ 黑格尔：《精神现象学》（上），贺麟、王玖兴译，商务印书馆 1979 年第 2 版，第 37-38 页。
⑤ 黑格尔：《逻辑学》（上），杨一之译，商务印书馆 1966 年版，第 31 页。

　　黑格尔的逻辑学就是讲纯粹概念发展变化的本体论哲学，依次有存在论、本质论、概念论三个阶段。在存在论中，概念是前后过渡，是概念世界的纵向逻辑关系；在本质论中，概念是相互映现，是概念世界的横向逻辑关系；在概念论中，概念是发展，是概念世界的个别、特殊、普遍诸矛盾的统一。毫无疑问，黑格尔的逻辑学最典型地贯彻了观念论。

　　既然世界的本质（本原）是概念、理念、精神，那么黑格尔是如何看待自然的呢？

　　黑格尔哲学并不排斥自然，相反，黑格尔认为哲学必须与自然一致。他说："哲学与自然经验不仅必须一致，而且哲学科学的产生和发展是以经验物理学为前提和条件。"①但自然不是高于精神或与精神并列，而是从精神产生，然后复归精神。简言之，自然是精神的必然环节，自然是潜在的理念，是他在形态中的理念。试看黑格尔的原话：

　　　　……一般人区别自然与精神，认为实在性为自然的基本规定，理想性为精神的基本规定，这种看法，并不大错。但须知，自然并不是一个固定的自身完成之物，可以离开精神而独立存在，反之，唯有在精神里自然才达到它的目的和真理。同样，精神这一方面也并不仅是一超出自然的抽象之物，反之，精神唯有扬弃并包括自然于其内，方可成为真正的精神，方可证实其为精神。②

　　这里，黑格尔认为，自然没有独立性，只是精神的环节；精神有独立自主性，但必经过自然的环节以丰富自己的内容。

---

　　① 黑格尔：《自然哲学》，梁志学等译，商务印书馆1980年版，第9页。
　　② 黑格尔：《小逻辑》，贺麟译，商务印书馆1980年版，第212-213页。

　　正因为自然形而上学作为自然固有区别的重要思维规定性，主张自然是理念他在中的理念，所以这就意味着自然在本质上是一种观念性的东西，或者说，是这样一种东西，这种东西仅仅是相对的，只有相对于第一性的东西，才有其规定性。①

　　但是，从我们直到目前为止的阐释已经可见：精神从自然产生不能了解为，好像自然是绝对直接的东西，第一性的东西，本源的设定者，而精神则相反地似乎只是一个为自然所设定的东西；其实自然是被精神设定的，而精神则是绝对第一性的东西。②

这两段话说明，精神是第一性的，自然在本质上是观念性的东西。

黑格尔以观念论贯穿整个自然界的发展，认为那些看不到自然的内在理念而认为自然的发展是外在力量创造的观点是粗疏浅薄的。他说："把一种自然形式和领域向一种更高的自然形式和领域的发展和转化看作外在现实的创造，是古代和近代自然哲学的一种笨拙的观念，……引导各个阶段向前发展的辩证的概念，是各个阶段内在的东西。思维的考察必须放弃那类模糊不清的、根本上是感性的观念，例如，特别是所谓动植物产生于水，尔后较发达的动物组织产生于较低级的动物组织等等的观念。"③

但是，黑格尔提醒不要把自然是他在的理念理解为自然是有（主观）意识的。他说："当我们说思想作为客观思想是世界的内在本质时，似乎这样一来就会以为自然事物也是有意识的。……因此

---

① 黑格尔：《自然哲学》，梁志学等译，商务印书馆 1980 年版，第 22 页。
② 黑格尔：《哲学全书·第三部分·精神哲学》，杨祖陶译，人民出版社 2006 年版，第 18 页。
③ 黑格尔：《自然哲学》，梁志学等译，商务印书馆 1980 年版，第 29 页。

我们必须说自然界是一个没有意识的思想体系，或者像谢林所说的那样，自然是一种顽冥化的理智。为了免除误会起见，最好用思想规定或思想范畴以代替思想一词。……这里所说的思想和思想范畴的意义，可以较确切地用古代哲学家所谓'Nous（理性）统治这世界'一语来表示。——或者用我们的说法，理性是在世界中，我们所了解的意思是说，理性是世界的灵魂，理性居住在世界中，理性构成世界的内在的、固有的、深邃的本性，或者说，理性是世界的共性。"①

在黑格尔自然哲学中，力学—物理学—有机物理学的过程，是理念在自然的他在形态中不断从潜在推进到现实的过程。无机物—有机物—生命—精神的过程，是理念不断克服自在外在性、实现自为内在性的过程。动物及其生命最能体现自然的观念性，与主观精神的产生不远了。在美学中，黑格尔认为动物及其生命是自然美的最高形式，这与他的观念论原则是一致的，因为他认为美是理念的感性显现。

关于动物，黑格尔说："所以，动物中存在着真正主观的统一，存在着一种单纯的灵魂，即自身无限的形式，这种形式展现在躯体的外表，而躯体的外表又与无机自然界、与外部世界联系起来。……所以，动物的生命作为自然界的这个顶点，就是绝对唯心论，……"②这里明确说，动物及其生命最能体现自然的观念性。

"动物的各个有机部分纯粹是一种形式的各个环节，它们时刻都在否定自己的独立性，最后又回到统一中去，而这种统一是概念的实在性，并且是为概念而存在的；就此而言，动物是现实存在着的理念。……在动物界里，现在产生的这种统一是为自在地存在的统一

---

① 黑格尔：《小逻辑》，贺麟译，商务印书馆1980年版，第79-80页。
② 黑格尔：《自然哲学》，梁志学等译，商务印书馆1980年版，第489页。

而存在的，而这种自在地存在的统一就是灵魂，就是概念；……"①这里是说，动物各部分的有机统一，就是理念的显现。

黑格尔认为，自然最后从生命过渡到概念、返回到精神。他说：

> 然而在生命理念中主观性就是概念，因此主观性自在地就是现实性的绝对己内存在和具体的普遍性；主观性通过其实在性的直接性的这种扬弃，就与其自身结合到了一起；自然界最终的已外存在被扬弃了，因而那个在自然界中仅仅自在地存在着的概念也就变成了自为的。这样，自然界就过渡到了自己的真理性，过渡到了概念的主观性，这个主观性的客观性本身就是个别性的被扬弃了的直接性，也就是具体的普遍性；因此，这个具有与自己相符合的实在性的概念，这个以概念为自己的特定存在的概念，就被设定起来了，而这就是精神。②

这样，自然又复归于精神。但此时的精神已经经过了自然这个环节，不是作为纯粹理念，而是包含了自然的丰富内容的精神。

黑格尔的精神哲学，依次有主观精神、客观精神、绝对精神三个阶段。主观精神讲人类学、精神现象学、心理学。客观精神讲法、道德、伦理。绝对精神讲艺术、宗教、哲学。

总之，黑格尔把观念论贯穿在逻辑学、自然哲学、精神哲学即他的全部哲学中，观念论是黑格尔哲学的一个原则。

---

① 黑格尔：《自然哲学》，梁志学等译，商务印书馆1980年版，第490页。
② 黑格尔：《自然哲学》，梁志学等译，商务印书馆1980年版，第615页。

第二节　黑格尔为什么坚持观念论

前面讲到，黑格尔是坚定的观念论者。黑格尔哲学的观念论固然有它的内在学理渊源，但也是黑格尔的哲学立场的选择。黑格尔对观念论是很有信心的。他说："不管别人的看法如何，事实上优秀的东西所以被人承认为优秀的东西，完全由于科学性。因此，我也就可以希望，我想从概念里产生出科学来并以科学特有的原素来陈述科学的这一试图，或许能够由于事情的内在真理性而替自己开辟出道路来。"[①]

既然黑格尔坚持观念论，一定有他何以如此主张的理由。但就像黑格尔没有专门论述观念论是他的哲学的一个原则一样，他也没有专门论述他为什么主张观念论。不过，从黑格尔的著作中，我们可以梳理和概括出一些黑格尔坚持观念论的理由；这些理由有正反两方面的。所谓反面理由，就是黑格尔不主张实在论、主观唯心论、唯物论的理由。排除实在论、主观唯心论、唯物论的理由，反过来理解也是主张观念论的反面理由。

一、黑格尔坚持观念论的正面理由

黑格尔坚持观念论有四点正面理由。

1. 概念（理念）、思想（精神）是永恒的存在（真理）

黑格尔哲学是一个高度内在有机统一的体系，当分析黑格尔哲学的某一点或某一方面时，同时相关到其他点或其他方面，这种情

---

①　黑格尔：《精神现象学》（上），贺麟、王玖兴译，商务印书馆1979年第2版，第49页。

况在本书的整个论述中都会遇到，所以有时有的内容实在难免重复赘述。

前面关于说明观念论是黑格尔哲学的一个原则的诸多引言，也包含着理念、精神是永恒的存在的意思。这里再引三句话：

> 须知，一说到思维，我们必须把有限的、单纯理智的思维与无限的理性的思维区别开。凡是直接地、个别地得来的思维规定，都是有限的规定。但真理本身是无限的，它是不能用有限的范畴所能表达并带进意识的。……但须知，思维的本质事实上本身就是无限的。……因此纯粹思维本身是没有限制的。①
>
> 只有自然的东西，由于是有限的，才服从于时间；而真实的东西，即理念、精神，则是永恒的。②
>
> 理念的本质就是洞见到感性的存在并不是真理，只有那自身决定的有普遍性的东西——那理智的世界才是真理，才是值得知道的，才是永恒的、自在自为的神圣的东西。③

永恒的就是无限的，反过来讲也一样。追求永恒的东西，是黑格尔哲学的观念论最根本的要义，观念论的其他意义都是派生的或次要的。因为哲学这门学问，最早就是为追求真理而诞生，或者说诞生是为追求真理；到亚里士多德那里学科初步分化后，哲学作为形而上学（第一哲学）追求的是最一般的真理，即作为存在的存在

---

① 黑格尔：《小逻辑》，贺麟译，商务印书馆 1980 年版，第 96-97 页。
② 黑格尔：《自然哲学》，梁志学等译，商务印书馆 1980 年版，第 48 页。
③ 黑格尔：《哲学史讲演录》（第二卷），贺麟、王太庆译，商务印书馆 1960 年版，第 179 页。

的真理，与其他学科追求的一般真理，即作为存在的某一方面的存在的真理有别。最一般的真理是最普遍的真理，因而是永恒的。黑格尔认为，这种永恒真理就是概念、思想；反过来说，概念、思想就是永恒的真理。所以，追求永恒的东西是黑格尔哲学的观念论的命根子。在基督教世界或西方文化里，上帝是永恒的；所以在黑格尔哲学里，上帝是真理的化身。黑格尔说："哲学的对象与宗教的对象诚然大体上是相同的。两者皆以真理为对象——就真理的最高意义而言，上帝即是真理，而且唯有上帝才是真理。"①类似这样崇尚上帝的话，在黑格尔著作中有不少。

黑格尔说的概念的永恒和无限，不是通常知性思维的、如初等数学里的永恒和无限。黑格尔认为，知性思维的永恒和无限是外在的、抽象的、没有现实性的，而概念的永恒和无限是内在的、具体的、真实的。赋予概念完全辩证的意义，是黑格尔哲学空前的独有特点。

2. 概念、思想是事物的本质

事物的质与事物直接同一，质是可感知的。本质比质更深刻，是事物的内在固有规定性，是不可感知的，需要靠理性思维去把握。概念、思想既然是永恒的，即永远自身同一的，当然就是事物的本质。前面用来说明观念论是黑格尔哲学的一个原则的引言，有的也包含概念是事物的本质的意思。这里再引黑格尔的两段话：

> 前面已经指出过，并且一般也都承认，本性、独特的本质以及在现象的繁多而偶然中和在倏忽即逝的外表中的真正长在的和实质的东西，就是事物的概念，就是事物本身中的共相，正如每一个个人，尽管是无限独特的，但在

---

① 黑格尔：《小逻辑》，贺麟译，商务印书馆 1980 年版，第 37 页。

他的一切独特性中，首先必须是人，犹之乎每一头兽首先必须是兽一样：……①

　　与此相反，思想的真正客观性应该是：思想不仅是我们的思想，同时又是事物的自身（an sich），或对象性的东西的本质。②

　　同样，黑格尔哲学的本质也不是通常知性思维的本质。黑格尔强调："但概念的普遍性并非单纯是一个与独立自存的特殊事物相对立的共同的东西，而毋宁是不断地在自己特殊化自己，在它的对方里仍明晰不混地保持它自己本身的东西。无论是为了认识或为了实际行为起见，不要把真正的普遍性或共相与仅仅的共同之点混为一谈，实极为重要。"③黑格尔这段话说的是概念，但同样适用于本质。知性思维的本质，是从具体事物中概括出来的共同的东西，即类本质，黑格尔认为这仅仅是抽象的本质。黑格尔哲学的本质是具体的本质，是包含特殊性的本质。黑格尔认为，本质的观点是反思的观点，本质映现在自身的他物中。

　　3. 概念、思想是现实的存在

　　黑格尔哲学认为，永恒的东西是最有资格称为存在的。如果永恒的东西不是存在的，那飘忽即逝的东西就更加不是存在的，世界上就没有可以称之为存在的东西了。既然概念是永恒的，是事物的本质，当然是事物的真理，是事物的真实存在，也就是事物的现实存在。黑格尔指出："理念并不在现实界的彼岸，在天上，在另一个地方，正相反，理念就是现实世界。但是只有自在自为地有普遍性

---

① 黑格尔：《逻辑学》（上），杨一之译，商务印书馆 1966 年版，第 14 页。
② 黑格尔：《小逻辑》，贺麟译，商务印书馆 1980 年版，第 120 页。
③ 黑格尔：《小逻辑》，贺麟译，商务印书馆 1980 年版，第 332 页。

的东西才是世界中的真实存在。"①

黑格尔认为，真实的才是现实的，理念是真实的，所以理念是现实的。我们日常生活的世界，并不是完全现实的世界；但我们日常生活的世界潜在地包含理念，所以部分地是现实的。如果我们整天生活在精神世界（艺术、宗教、哲学）中，那我们就生活在现实世界中。所生活的世界的现实性几何，要看它的精神层次多高；从理念冥顽化的自然，到主观精神、客观精神、绝对精神，越往后精神层次越高，其现实性越强。黑格尔说："但一切有限事物，自在地都具有一种不真实性，因为凡物莫不有其概念，有其存在，而其存在总不能与概念相符合。因此，所有有限事物皆必不免于毁灭，而其概念与存在间的不符合，都由此表现出来。"②按照黑格尔的思路，就不难理解为什么概念是现实存在的。黑格尔这个思路，与巴门尼德、柏拉图是一脉相承的。巴门尼德第一个提出思想是存在，因为思想是永恒的，因为思想是真实的。

4. 只有概念、思想能认识普遍的东西

黑格尔认为，感官经验无法认识普遍的东西，知性的归纳其实是类比推理；知性的普遍是抽象普遍，而只有具体普遍才是真正的普遍，这样的普遍只有概念、思维才能达到。因为概念是自己运动的，概念自己实现自己的过程也是概念自己认识自己的过程，是概念不断从抽象到具体的过程，是概念不断丰富自己的过程。由于这是一个内在过程，所以概念始终保持自身同一，这也就是概念的永恒性。黑格尔说：

　　　　但我们承认，可感觉到的或感性的东西并不是精神的，

---

① 黑格尔：《哲学史讲演录》（第二卷），贺麟、王太庆译，商务印书馆 1960 年版，第179 页。
② 黑格尔：《小逻辑》，贺麟译，商务印书馆 1980 年版，第 86 页。

而精神的内在核心则是思想，并且只有精神才能认识精神。……感觉的形式是达到精神内容的最低级形式。精神的内容，上帝本身，只有在思维中，或作为思维时，才有其真理性。在这种意义下，思想不仅仅是单纯的思想，而且是把握永恒和绝对存在的最高方式，严格说来，是唯一方式。①

认识，特别是哲学的认识，就是要解决从个别到一般的问题。黑格尔说："从特殊的、有限的有，追溯到完全抽象一般性的有本身，应该看作是最最第一的理论要求，甚至也是实践要求。"②但是，在认识论上如何解决从个别到一般的问题，长期困扰着哲学家。康德提出先天综合判断，也就是想把知识的普遍性的合法性建立在先天的基础上，即为了破解如何从个别到一般的难题。但康德没有成功，因为康德一方面还留恋着经验，另一方面把先天范畴看作外加的，所以黑格尔说康德走到半路就停止了③。可以说，黑格尔哲学的观念论的概念是彻底先天的，正是把作为实体的先天的概念看作主体，所以黑格尔能自圆其说，建立一个自洽的哲学体系。在黑格尔哲学中，一般（普遍的东西）是先天的，一般的使命是从抽象走向具体，中间自身建立诸多环节；这样，一般（普遍的东西）就把特殊、个别统摄在自身内，实现了一般与个别的对立统一。黑格尔哲学就是一个概念自己运动的圆圈，从（抽象）概念到（具体）概念；所以就不难理解，黑格尔认为只有概念能认识普遍的东西。

---

① 黑格尔：《小逻辑》，贺麟译，商务印书馆1980年版，第66页。
② 黑格尔：《逻辑学》（上），杨一之译，商务印书馆1966年版，第78页。
③ 参见黑格尔：《小逻辑》，贺麟译，商务印书馆1980年版，第276页。

二、黑格尔坚持观念论的反面理由

黑格尔坚持观念论有三点反面理由。

1. 有限事物不能持久存在

黑格尔哲学的观念论不同于主观唯心论，也不同于柏拉图的理念论。主观唯心论认为我们生存的世界只是人们感知的世界，是主观的世界。柏拉图的理念论认为人们生活的世界只是理念的模仿或分有（如万川映月），并不是真实的世界，而艺术（诗歌）是模仿的模仿、影子的影子。黑格尔认为人们生活的世界不完全是现实的，有部分现实性，因为它后面潜伏着理念，生活世界的现实性正是理念的现实性的表现；生活世界中除却精神世界（艺术、宗教、哲学）外的物质的存在都是有限事物，它们只有部分的现实性，其现实性不能持久。黑格尔认为有限事物不能持久存在：

> 对于这样一种不好的对象，我们当然能够得着一个正确的观念或表象，但这个观念的内容本身却是不真的。像这类正确的同时又是不真的观念，我们脑子里面可以有很多。——唯有上帝才是概念与实在的真正符合。但一切有限事物，自在地都具有一种不真实性，因为凡物莫不有其概念，有其存在，而其存在总不能与概念相符合。因此，所有有限事物皆必不免于毁灭，而其概念与存在间的不符合，都由此表现出来。①

> 事实上，时空中的特定存在与其概念的差异，正是一切有限事物的特征，而且是唯一特征。②

---

① 黑格尔：《小逻辑》，贺麟译，商务印书馆 1980 年版，第 86 页。
② 黑格尔：《小逻辑》，贺麟译，商务印书馆 1980 年版，第 140 页。

可见，有限事物由于与其概念有差异，总是不能与概念完全相符，所以迟早归于毁灭，不能持久存在。既然有限事物没有持久存在，怎么能与永恒存在的概念相比呢？所以，黑格尔当然摈弃实在论，坚持观念论了。

2. 感官经验不能把握普遍的东西

经验论作为一种认识论如果贯彻到底，在哲学本体论上就会陷入主观唯心论。主观唯心论作为一种本体论如果贯彻到底，在认识论上就会从经验论陷入先验论。经验论与主观唯心论是密切相关的。黑格尔最反对主观唯心论，因为他追求普遍的东西，而只有客观的东西才是普遍的。黑格尔并不反对经验论，相反认为经验是哲学的基础环节，只是经验是片面的，固守经验不能达到普遍。下面先引用两句黑格尔重视经验的话：

> 为补救思维的这种抽象普遍性起见，我们可以在正确有据的意义下说，哲学的发展应归功于经验。①
> 一切都在感受中，如果愿意也可以说，一切出现在精神的意识和理性中的东西都在感受中有其起源和开端，因为起源和开端无非是指某物在其中显现出来的最初的、直接的方式。②

其次引用三段黑格尔认为感官经验不能把握普遍东西的话：

> ……在另一范围内，有许多对象为经验的知识所无法

---

① 黑格尔：《小逻辑》，贺麟译，商务印书馆1980年第2版，第53页，导言。
② 黑格尔：《哲学全书·第三部分·精神哲学》，杨祖陶译，人民出版社2006年版，第97页。

把握的，这就是：自由、精神和上帝。……这些对象之所以属于另一范围，乃因为它们的内容是无限的。①

须知普遍作为普遍并不是存在于外面的。类作为类是不能被知觉的，星球运动的规律并不是写在天上的。所以普遍是人所不见不闻，而只是对精神而存在的。②

从另一方面看来，感官所知觉的事物无疑地是主观的，因为它们本身没有固定性，只是漂浮的和转瞬即逝的，而思想则具有永久性和内在持存性。③

既然感官经验不能把握普遍（无限）的东西，感官知觉的事物是主观的，黑格尔当然不会贯彻经验论，也不会陷入，更谈不上主张主观唯心论，而乐于构建他的观念论。

3. 物质不过是个抽象概念

最反对唯物论的是主观唯心论哲学家，如贝克莱。客观唯心论哲学家对唯物论并不反感，只是认为唯物论太浅陋。黑格尔既已沉迷于他的观念论，则认为唯物论基石的物质不过是个抽象概念，即空洞的概念。下面两段文字表明了黑格尔对物质的看法：

在这个地方应加注意的首要之点是，纯粹的物质只是我们抽除了观看、感受、品味等等活动之后剩余下来的那种东西，即是说，纯粹物质并不是所看见的、所感受的、所尝到的等等东西；被看见了的、被感受了的、被尝到了的东西，并不是物质，而是颜色、一块石头、一粒盐等等；

---

① 黑格尔：《小逻辑》，贺麟译，商务印书馆1980年版，第47页，导言。
② 黑格尔：《小逻辑》，贺麟译，商务印书馆1980年版，第76页。
③ 黑格尔：《小逻辑》，贺麟译，商务印书馆1980年版，第119页。

物质毋宁是纯粹的抽象；……①

　　唯物论认为物质本身是真实的客观的东西。但物质本身已经是一个抽象的东西，物质之为物质是无法知觉的。所以我们可以说，没有物质这个东西，因为就存在着的物质来说，它永远是一种特定的具体的事物。然而，抽象的物质观念却被认作一切感官事物的基础，——被认作一般的感性的东西，绝对的个体化，亦即互相外在的个体事物的基础。②

　　黑格尔以上对物质的看法与贝克莱有异曲同工之处。贝克莱说："不过我也可以答复说，如果您觉得合适，您就可以照别人用虚无（nothing）一词的意义来应用物质一词，并把物质和虚无两个名词互相调换。"③黑格尔是客观唯心论者，贝克莱是主观唯心论者，两者对物质的看法有共同之处，那就是物质仅仅是个抽象的名词。这难道是巧合？这除了他们各自哲学立场（也许并非故意）的偏见外，也说明要真正认识物质是很困难的事。在今天的唯物论者看来，这暴露了他们认识上的错误和理论上的缺陷。其错误和缺陷何在，将在下一节第四小节中分析。

　　既然黑格尔认为物质不过是个抽象概念，也就是说物质也不过是概念、思想，那当然是观念论胜利了，黑格尔还有什么理由不坚持观念论呢？

---

① 黑格尔：《精神现象学》（下），贺麟、王玖兴译，商务印书馆1979年版，第108页。
② 黑格尔：《小逻辑》，贺麟译，商务印书馆1980年第2版，第115页。
③ 贝克莱：《人类知识原理》，关文运译，商务印书馆1973年版，第56页。

第三节　对黑格尔哲学的观念论的思考

一、黑格尔的观念论继承了西方哲学的 Being 传统

就哲学这门学问或哲学这个概念本来的意义而言，哲学就是今天称呼的西方哲学，反过来说，西方哲学才是本来意义的哲学。

哲学肇始于古希腊。古希腊不是一个国家的概念，而是一个地区的称谓，其地理范围包括但大于今天的希腊共和国。公元前 6 世纪，哲学诞生于古希腊的伊奥尼亚（今土耳其共和国西部爱琴海沿岸），泰勒斯（Thales）被认为是第一个哲学家。伊奥尼亚学派哲学家都探究世界万物的本原，即万事万物是否由一共同的东西产生、演变而来，或者说，世界上各种各样的事物有没有统一性，统一于什么。多中求一是哲学最初的使命。埃利亚学派（埃利亚，Eleat，今意大利南部）主要代表巴门尼德（Parmenides）第一次提出存在（Being）概念，认为世界统一于存在。但巴门尼德的存在概念还带有感性的痕迹（圆形球体），不是纯粹抽象的本原（本体）。柏拉图提出的理念（Idea），是哲学史上第一个纯粹抽象本原（本体）概念。只有最抽象的概念，才能成为统一世界的本原。柏拉图的哲学著作以对话或神话形式写成，思想观点散见其中，而没有专门的论证。亚里士多德则第一次对哲学的研究对象有了明确的阐述（论证）：

> 存在着一种考察作为存在的存在，以及就自身而言依存于它们的东西的科学。它不同于任何一种各部类的科学，因为没有任何别的科学普遍地研究作为存在的存在，而是从存在中切取某一部分，研究这一部分的偶性，例如数学

科学。……所以我们应当把握的是作为存在的存在之最初原因。①

这里，亚里士多德把哲学规定为研究作为存在的存在的学问。作为存在的存在就是存在本身，即最抽象的存在。其他万事万物作为存在，要么是个别（具体）存在，如这匹马；要么是类属（抽象）存在，如马；要么是属性存在，如白色；要么是状态存在，如行走，等等。唯有存在本身，作为最抽象的存在，囊括了一切存在的存在，是万事万物的共性（这个共性就是存在），所以可以作为万事万物的本原（本体）。在亚里士多德那里，本原就是最初的或最根本的原因的意思；哲学探究世界的本原，也就是探究世界的最初原因；亚里士多德认为，这个本原，这个最初原因，就是存在。通过对存在的进一步分析，亚里士多德又把存在还原为实体，认为实体的存在是独立的第一位的存在，其他的存在是依存于实体存在的存在。这样，世界的最初原因是实体。当然，亚里士多德哲学一直在探索中，并无统一的、最终的定论，有二元论和前后不一致或模糊的特点。所以，亚里士多德有时认为个别事物是第一实体，有时又认为事物的形式是第一实体，并由此进一步认为上帝是最初的原因，是不动的推动者。这个观点得到黑格尔的称赞："不动的推动者，——这是一个伟大的规定；那永远自身等同者、理念，推动着而自己却只对自己发生关系。"②

亚里士多德以后，存在（Being）就成为哲学的核心范畴，研究存在的学问叫本体论或存在论（Ontology），本体论是哲学的核心部分。亚里士多德之前的柏拉图的理念论，其实也是存在论的一种形

---

① 亚里士多德：《形而上学》，苗力田译，中国人民大学出版社 2003 年版，1003a20-30.
② 黑格尔：《哲学史讲演录》（第二卷），贺麟、王太庆译，商务印书馆 1960 年版，第297 页。

态，柏拉图哲学的理念即 Being，或柏拉图哲学的 Being 即理念。亚里士多德则把 Being 在哲学中的核心地位明确地说出来了。后来哲学史上的原子（伊壁鸠鲁）、太一（普罗提诺）、物质（笛卡尔）、心灵（笛卡尔）、实体（斯宾诺莎）、单子（莱布尼茨）、物自体（康德）、自我（费希特）、绝对精神（黑格尔）等范畴，都可看作 Being 的不同概念表述。

　　对我们中国人来说，说存在是哲学的核心范畴倒不难理解，但说 Being 是哲学的核心范畴，似乎有点不好理解。其实，存在与 Being 两者的内涵是相同的，但中西语言差异会带来一些理解和翻译上的困难。不过，中国人对 Being 理解的困难，还不仅仅是中西语言差异带来的，Being 本身的抽象性质以及理解者的理解力也是原因。成为科学是哲学的夙愿，但哲学至今没有成为科学，其原因主要还在哲学本身；哲学研究对象（Being）的形而上特征决定了哲学达到科学的难度。即使哲学达到了科学的高度，对普通大众来说，也是难以理解和接受的。哪怕是西方的普通民众，对理解 Being 或艰深的哲学著作也会有困难。德国人读黑格尔的著作应该没有语言上的障碍，但据说[①]，黑格尔去世后，黑格尔众多优秀学生中也没有人能完全理解黑格尔的哲学，遑论其他人。这就说明，能不能理解一种哲学，关键障碍不是语言，而是哲学著作本身的晦涩和理解者的理解力。通常有个认识上的误区，认为越晦涩的哲学著作，其内容越高明或越深刻。哲学的形而上特征，决定哲学著作一般比非哲学著作在内容上更抽象、更深奥，从而更难读懂。但是，哲学著作的深刻和高明程度与它的晦涩程度没有直接关系，更不是正相关的。相反，晦涩或过于晦涩的哲学，可能包含有深刻思想，但也说明这种哲学还有缺陷或还不够成熟。因为，越是成熟和深刻的学问，在形式上

---

① 参见张慎：西方哲学史（第六卷），凤凰出版社、江苏人民出版社 2006 年版，第 595 页，②③转引。

和表述上往往越是简单的。黑格尔哲学乃至德国古典哲学以晦涩著称，原因之一是它们既深刻又还不成熟，还有缺陷，更没有达到科学。不成熟的、有缺陷的、不科学的思想，当然就晦涩难懂了。一种哲学过于晦涩难懂不是什么遗憾的事，不是思想多么深刻没有人能弄懂，而是这种哲学本身没有什么深刻的东西在里面。

Being（这里仅讨论英语中的 Being）的原形是 To be，现在时分别是 Is、Are，还有过去时、完成时、过去分词的形式；Being 则是 To be 的现在分词和动名词的形式。从原形看，To be 本来是个系词，即联系词，联系主词和谓词或宾词。在我们中国人看来，系词不是实词，本身无意义，不能独立使用；那么，一个系词的现在分词或动名词形式，怎么就成了哲学的核心范畴，使一代又一代哲人为之殚精竭虑呢？

中国古汉语是没有系词的，用语气词"……者，……也"或"乃……也"或"……也"等来表述，或语气词也不用，直接实词连用，意思靠彼此领悟。因为联系词使用的前提是被联系的实词区分开，而古代中国人主客分立、主谓（主宾）区分的观念不强。古代西方人注重以分类、分立的方式看待事物；古代中国人注重以和合、协调的方式看待事物。中国唐宋以后白话中出现系词的使用，但普遍使用系词是在现代汉语中。所以现代汉语中的系词"是"本来并非系词，是转用为系词的。文字的产生和文字类型，与思维方式是密切相关的。西方人的表音字母文字与抽象思维是互为因果条件的，同样，中国人的表意象形文字与感性思维互为因果条件。从文字的产生和类型看，古代西方人的抽象思维比古代中国人发达；抽象普遍的东西，容易成为西方人追求的目标，反过来说，西方人也容易把握抽象普遍的东西。所以，哲学、科学产生于西方，基督教及上帝的观念在西方盛行，绝非偶然，而是和西方人的思维方式、精神追求相关的。

　　用抽象的文字表达意思，使实词之间、主分（从）句之间的逻辑关系清楚就显得很有必要。所以西方文字的虚词及其使用比较多，为的是将清实词之间、句子之间的逻辑关系，使意思清楚表达。西语系词不是实词，也不完全是虚词，而称为助动词。英语中，表述一个事物的存在，普遍用助动词 To be 的各种形式，而不是用实词 Exist，例如 I am，There is。既然言及事物的存在总离不开表述，表述事物的存在总离不开 To be，那么，To be 就是存在的事物的唯一共性。把这一唯一共性抽取出来表述就是动名词形式 Being，所以 Being 是万事万物的唯一共性。而且万事万物的诸多性质中首要的性质是事物自身存在，只有事物自身存在了，然后才会有事物其他各种性质、关系等的存在。因此，Being 是万事万物的本原（本体），是哲学的核心概念。Being 首先是对存在的表述，其次也是存在本身，这就是思维与存在同一。存在本身是抽象的，也是客观的，但只有靠抽象思维去把握。存在不仅是抽象的，而且是最抽象的范畴，哲学本体论所探究的就是这种最抽象的东西。

　　相对地，一般来说，中国人更喜欢和感性的东西打交道，对西方人所探究的最抽象的东西感到不好理解。哲学职业化以后，不少人从事哲学并不是出于自发自觉的爱好，而是出于其他原因走上了哲学的职业道路；不是出于自发自觉的爱好而从事哲学的人，一般会比出于自发自觉的爱好而从事哲学的人更加可能会感到哲学不好理解。有的中国人理解不了西方哲学，容易归咎为哲学著作的翻译有问题。在我看来，不是哲学著作的翻译不存在问题，而是把理解不了一种哲学归咎为翻译上的原因是主次颠倒的。因为，大多数哲学家的思想是有一个体系脉络的；思想是离不开体系的，否则就还没有资格称为思想，也不值得去翻译。一般来说，翻译上的某些失误，不会从根本上影响对著作的理解，除非翻译得实在糟糕。而且有些哲学工作者外语水平高，完全可以阅读外文原著。所以，如果感到理解一种哲学有困难，主要原因既不是翻译上的，也不是语言上的，而是一方面理解力还不够，另一方面难以理解是哲学作为形而上的学问的固有特点。中国人对西方哲学 Being 的理解困难就是一个典型例子。有的哲学工作者觉得 Being 作为哲学的核心概念不好理解，便归咎为翻译上出了问题，认为 Being 应翻译为"是"而非"存在"[①]。我认为 Being 翻译为"存在"是恰当的。翻译为"是"的不是 Being，而是 To be 及其各种时态，这时的"是"不是哲学范畴，而是一个系词或表示存在的普通词汇。

黑格尔的逻辑学（黑格尔哲学的本体论）中第一部分称为存在论，存在论第一个概念是存在。黑格尔把存在理解为观念（概念），正是继承了西方哲学的 Being 传统。

二、如何理解黑格尔哲学的观念论

在第二节讲黑格尔为什么坚持观念论时，已经涉及对黑格尔哲学的观念论的理解。这里补充三点。

第一，黑格尔哲学的观念论中的概念、理念、精神等，是先天的、客观存在的，并不是人们主观发明的。虽然它们也为人们主观所知，也具有主观的形式，但人们对它们的认知不过是使人们对客观的思想得到明显自觉而已。黑格尔承认主观的东西，但主观的东西不过是客观的东西的一个环节，概念的主观性自身会过渡到客观性。概念、思想、理念自始至终都是客观的、普遍的、自身同一的东西。黑格尔说：

> 哲学的任务只在于使人类自古以来所相信于思维的性质，能得到显明的自觉而已。所以，哲学并无新的发明，

---

① 参见宋继杰主编：《BEING 与西方哲学传统》（上、下），河北大学出版社 2002 年版。

我们这里通过我们的反思作用所提出的说法，已经是人人
所直接固有的信念。①

又说：

> 哲学推演的进程，如果要有方法性或必然性的话，只
> 不过是把蕴涵在概念中的道理加以明白的发挥罢了。②

黑格尔观念论的概念不仅是先天的，而且是有中介的，中介是
自己建立起来的。从这点来说，黑格尔的观念论是无中生有的哲学。
但这个无不是知性思维的空无，而是一切都潜在着还没实现出来的
无，是个变异的无。关于概念的无中生有，黑格尔有明确表述：

> 关于知性逻辑所常讨论的概念的来源和形成问题，尚
> 须略说几句，就是我们并不形成概念，并且一般说来，概
> 念决不可认作有什么来源的东西。无疑地，概念并不仅是
> 单纯的存在或直接性。概念也包含有中介性。但这种中介
> 性即在它自身之内，换言之，概念就是它自己通过自己并
> 且自己和自己的中介。我们以为构成我们表象内容的那些
> 对象首先存在，然后我们主观的活动方随之而起，通过前
> 面所提及的抽象手续，并概括各种对象的共同之点而形成
> 概念，——这种想法是颠倒了的。反之，宁可说概念才是
> 真正的在先的。事物之所以是事物，全凭内在于事物并显
> 示它自身于事物内的概念活动。这个思想出现在宗教意识

---

① 黑格尔：《小逻辑》，贺麟译，商务印书馆1980年版，第78页。
② 黑格尔：《小逻辑》，贺麟译，商务印书馆1980年版，第195页。

里，我们是这样表达的：上帝从无之中创造了世界。或换句话说，世界和有限的事物是从神圣思想和神圣命令的圆满性里产生出来的。由此必须承认：思想，准确点说，概念，乃是无限的形式，或者说，自由的、创造的活动，它无需通过外在的现存的质料来实现其自身。①

这里明确说，概念没有来源，概念不是从事物中来，相反，事物来源于概念。

第二，黑格尔的观念论中的概念、理念、精神等，是内在于日常生活事物的，并不是与日常生活事物无关的。概念是日常事物的本质和核心，日常事物之所以生气勃勃，全凭内在于它们的精神力量。只是这种本质的东西不能为人们感知到，要凭理性思维去把握。一方面，日常事物内涵着理念；另一方面，理念的现实性要通过日常事物表现出来。下面引两段原文佐证：

由此可见逻辑学是使一切科学生气蓬勃的精神，逻辑学中的思维规定是一些纯粹的精神力量。这些思维规定就是事物内在的核心，但是它们同时又是我们常常挂在口边上的名词，因此又显得是异常熟知的东西。但是这类熟知的东西往往又是我们最无所知的东西。……大家平时总以为，绝对必远在彼岸，殊不知绝对却正在目前，是我们凡有思想的人所日用而不自知的。②

那外在世界本身是真实的，因为真理是现实的，而且是必定有实际存在的。所以理性所寻求的无限原则是内在于这世界之中的，不过在感官所见的个别形象里，不足以

① 黑格尔：《小逻辑》，贺麟译，商务印书馆1980年版，第333-334页。
② 黑格尔：《小逻辑》，贺麟译，商务印书馆1980年版，第84页。

表现其真正面目罢了。①

前一段话，常被人们概括为黑格尔的一句经典名言：熟知非真知。

第三，黑格尔哲学的观念论中的概念的普遍性实际上是总体。黑格尔哲学的一些主要观点往往多处可见，但这个观点并不多见。这里摘引一处作为例证：

> 力的表现的总体就是力本身，正如偶性的总体就是实体，特殊化的总体就是普遍物。②

《法哲学原理》中的这句话与黑格尔推崇国家、把国家看作理念和普遍物是一致的。国家无非是由个别的人和物构成的总体，也就是说，普遍物（国家）是个别（人和物）的总体；换句话说，一般是个别的总体。

哲学史上，如何从个别过渡到一般（普遍物）使哲学家们伤透脑筋。因为，个别无论在数量上多么庞大（有限），相对一般（无限）来说比率仍接近于零；如果说一般是从个别中归纳出来的，这样的归纳终究是不完全归纳，不完全归纳的实质是类推，并没有必然性。因此，莱布尼茨、康德、黑格尔都把一般建立在先天的基础上，来保证一般的必然性。但一般与个别的统一，唯有黑格尔做到了：一则黑格尔的一般的先天性最彻底，再则黑格尔赋予一般（实体）以主体身份。因此，黑格尔这里说普遍物是特殊化（个别）的总体的观点，与他在逻辑学中对普遍物的规定不一致。在逻辑学中，概念

---

① 黑格尔：《小逻辑》，贺麟译，商务印书馆 1980 年版，第 113 页。
② 黑格尔：《法哲学原理》，范扬、张企泰译，商务印书馆 1961 年版，第 75 页。

（普遍物）是个圆圈，没有起点和终点，没有来源。它内在于有限事物，却并不从有限事物中来，像上帝一样，是先天的，没有来源。上帝没有来源，但一切来源于上帝，上帝是不动的推动者。——这个思想最早来自亚里士多德，得到黑格尔的赞许。可见，在黑格尔的逻辑学中，普遍物（一般）是内在地无限的，而总体是个有限物。所以，"特殊化的总体就是普遍物"与把普遍物（一般）看作无限是矛盾的。

平心而论，黑格尔这个观点从现实上讲是对的。现实中的实体性的普遍物都是有限物，不过是个别物的总体。比如说"人"这个普遍概念，无非是地球上所有人的总体的称谓。地球上所有的人，无论怎么看（只要科学地看）都是一个有限的量，尽管这个量不能确切到个位地统计。只有存在、物质这样的最抽象的概念才是无限的，所以是哲学的基本范畴。当然，一些非实体性概念、精神领域的概念类似于无限的概念，如意识、自由、美，但实际上最终还是有限的概念。因为，非实体性的东西、精神领域的东西，赖于实体性的东西而存在。例如，假如人类灭亡了，也就无所谓意识、自由、美了。太阳、地球都是迟早要灭亡的，更不用说人类了；但物质是不灭的，灭的是物质的具体形态物。比如说人类，从物质高度看，其生灭，不过土里来土里去。庄子早就说过，同者视之，万物一也。这个"一"，用今天的哲学范畴来说，就是物质。

三、黑格尔哲学的观念论的合理之处

观念论作为黑格尔哲学的本体论的基石，毫无疑问有其合理之处。它的合理之处是什么？指出它的合理之处，这是对它的一种评论。既然是评论，就要有评论的依据或标准。一旦有了依据，黑格尔哲学的观念论的合理之处就容易指出了。所以，下面先重点谈谈我对世界的本体论的基石的看法。

在没有人类以前，世界自在地存在着、自为地运动着。有了人类以后，人类能动地改造世界，世界打上人类意志活动的痕迹。但不论人类怎么捣来捣去，既没有增加世界上的物质，也没有减少世界上的物质，不过改变了物质的一些具体样式样态。人类本身是世界的一部分，人类的存在及其一切活动，仍然是世界自在自为的表现。人类在宇宙中是微不足道的。但在地球范围内，相对于其他物种而言，人类是了不起的。说人类是最优秀的物种还贬低了人类，这仍是把人类和其他物种放在同一个层次上做比较。应该说，人类是包括自己在内的世界的唯一主人，使世界为人类而存在，整个世界都是人类认识和改造的对象。人类能在物种界脱颖而出，全凭着意识这个利器。没有意识，人类就不会有能动性，不会有意志，不会有实践，不会有自由，不会成为世界的主人。

但意识的产生和发达，也给人类认识世界，特别是从哲学高度认识世界带来困惑。意识是对对象的抽象，本身就是一种能动性的表现。意识的更大的能动性表现在能支配人们的行为，创造性地改造世界，似乎世界是意识创造出来的。因此，人类有大致对应的两个世界：一个是事物的世界，一个是意识的世界。

由于人类不能在认识关系之外认识和把握世界，所以，即使是事物的世界，也是人们认识到的世界。事物的世界就是事物的世界，本来无所谓个别与一般、现象与本质之分，这种区分皆因人类不能在认识关系之外把握世界，而人类的认识能力又必然有感性认识与知性（理性）认识之分，这样就使我们认识到的世界有个别与一般之分。另一方面，又不能因为人类不能在认识关系之外把握世界，而认为人类认识到的事物的世界的个别与一般、现象与本质之分仅仅是人类主观的区分。对这个问题的正确看法是，事物的世界的个别与一般、现象与本质之分，是事物的世界本身的区分，但它之所以是事物的世界本身的区分，同时是与人类的认识能力相关而产生的，也就是说这种区分不是事物的世界本身的绝对客观的区分。明白这个道理，就不难理解，人类把握的事物的世界可区分为两个层次系列：个别的事物世界、一般的事物世界。个别的事物世界，如这个苹果、苏格拉底；一般的事物世界，如苹果、人。个别的事物世界与一般的事物世界不是两个事物世界，而是同一个事物世界因人类认识能力而区分出来的两个层次的事物世界。每一个别事物都蕴涵着一般事物，一般事物都寓于每一个别事物之中。对于个别的事物，人们可以通过感官把握，也可以通过意识去把握。对一般的事物，人们只能通过知性（理性）意识去把握。这一点，正是让许多哲学家迷惑的地方。一些旧唯物论（唯名论、经验论）哲学家认为一般的事物仅仅是一个名称（概念），没有客观的内容，就是因为人们只能以概念（知性、理性）去把握一般的事物，反过来，容易把只有通过概念把握的一般事物看作仅仅是概念。一些客观唯心论哲学家（如黑格尔）则相反，认为概念就是一般的事物本身，也是因为人们只能以概念（知性、理性）去把握一般的事物。对人类来说，一般的事物与把握一般的事物的概念，两者是不能割裂开来的。旧唯物论哲学家只看到把握一般的事物的概念的一面，客观唯心论哲学家只看到一般的事物的一面。

　　既然意识世界与事物世界是大致对应的，那么意识世界也区分为个别的意识世界与一般的意识世界两个层次系列。个别的意识世界与一般的意识世界的关系，类似于个别的事物世界与一般的事物世界的关系。个别的意识世界与一般的意识世界也不是两个意识世界，而是同一个意识世界的两个层次。两者既然都是意识世界，就都只有通过意识去把握。其中，个别的意识可以通过感性意识和知性（理性）意识去把握，一般的意识只有通过知性（理性）意识去把握。这一点，使一般的事物与一般的意识很难区分开，也是让许多哲学家迷惑的地方，因为两者都只有通过知性（理性）意识去把握，在形式上看是一样的，都是概念形式。例如，物质作为一般的事物，只有通过知性（理性）意识去把握，而理念作为一般的意识，也只有通过知性（理性）意识去把握，所以黑格尔认为物质和理念一样都是概念。其实，两者只是被人们把握的形式是一样的，两者所指的内容是不一样的，物质是指一般的事物，理念是指一般的意识。一般的事物，其内容是客观的，其形式（寓于个别事物之中）也是客观的。一般的意识，其内容是客观的，其形式（概念）却是主观的。但人们把握两者（一般的事物和一般的意识）的形式是一样的，都只有通过知性（理性）意识去把握。

黑格尔也知道有一个个别的意识世界。他认识到，每个个别的事物其实也是思想；也就是说，当你意识一个对象时，你不用把这个对象的质料放进你的脑子里，而只要把这个对象的形式放进你的脑子里。因此，凡是意识都具有形式上的普遍性，即使意识的对象是一个个别的事物，其形式也是普遍的，可以普遍传播，普遍有效的。黑格尔说：

> 我们在上面曾经指出，感觉事物都具有个别性和相互外在性，这里我们还可补说一句，即个别性和相互外在性也是思想，也是有普遍性的东西。……由于语言既是思想的产物，所以凡语言所说出的，也没有不是具有普遍性的。凡只是我自己意谓的，便是我的，亦即属于我这个特殊个人的。但语言既只能表示共同的意谓，所以我不能说出我仅仅意谓着的。而凡不可言说的，如情绪、感觉之类，并

不是最优良最真实之物，而是最无意义、最不真实之物。
当我说："这个东西"、"这一东西"、"此地"、"此时"，我
所说的这些都是普遍性的。①

　　黑格尔这里是想说明即使个别事物也是思想，因为个别事物
被表述时，它已经是具有普遍性的东西，为他坚持观念论辩护。
但黑格尔的观念论中的思想（概念）按他本来的意思却不是指个
别事物的思想，也不是通常的知性概念，而是他的思辨概念。这
表面看是黑格尔的狡辩，其实显示了黑格尔对概念的认识的混乱。
　　哲学探究世界最一般的东西，即本原。有的哲学家从一般的事
物世界探究本原，如水、气、火、原子、物质。有的哲学家从一般
的意识世界探究本原，如努斯、理念、太一、单子、自我意识、绝
对精神。黑格尔哲学的观念论，就是找到了一般的意识世界中的最
一般的东西——理念（绝对精神）。一般的意识世界与一般的事物世
界在内容上大致是对应的，都是表示客观的一般的事物。但一般的
意识世界在形式上是主观的，一般的事物世界在形式上则是客观的
（当人们用知性或理性意识去把握它时在形式上也是主观的）。所以，
黑格尔哲学的观念论以理念的主观形式讲着一般的意识世界的内容，
而一般的意识世界又以主观的形式表示着一般的事物世界的内容。
这就是黑格尔哲学的观念论的合理之处。换言之，黑格尔哲学的观
念论，虽然直接地在以主观的形式讲着主观的内容，但间接地在以
主观的形式讲着客观的内容；由于有客观内容，所以黑格尔哲学的
观念论有合理之处。
　　柏拉图的理念论是黑格尔哲学的观念论的源头。但柏拉图的理
念是一类事物的概念，每一类事物对应一个理念，几乎有多少类事

───────────
　　① 黑格尔：《小逻辑》，贺麟译，商务印书馆 1980 年版，第 70-71 页。

物就有多少个理念，这个缺陷正如亚里士多德所指出："那些把理念当作原因的人，首先设法把和存在物数目相等的另外的东西当作它们的原因。正如一个想要计数的人，对较少的东西不能核计，便把它们加多了来统计一样。"①而且柏拉图的理念没有与现实世界的个别事物统一起来。这在黑格尔看来是因为柏拉图没有把理念看作主体，缺乏统一的活力和途径。他说："柏拉图的理念一般地是客观的东西，但其中缺乏生命的原则、主观性的原则；……"②而黑格尔哲学的观念论则是存在、本质、概念等一系列范畴的自身运动，外化自然，又返回自身，复归精神，从而把现实世界的个别事物作为中介和环节统一起来。所以，黑格尔哲学的观念论比柏拉图的理念论高明得多。

四、黑格尔哲学的观念论的理论缺陷

黑格尔哲学的观念论的最大缺陷是无中生有。其他的缺陷或者是派生的，或者是次要的。

黑格尔认为精神是第一性的东西，自然是由精神设定的。他说："但是，从我们直到目前为止的阐释已经可见：精神从自然产生不能了解为，好像自然是绝对直接的东西，第一性的东西，本源的设定者，而精神则相反地似乎只是一个为自然所设定的东西；其实自然是被精神设定的，而精神则是绝对第一性的东西。"③

在黑格尔哲学中，自然是精神的环节，精神既在自然之先，又在自然之后，但归根结底精神是第一性的。精神产生自然，不是以

---

① 亚里士多德：《形而上学》，苗力田译，中国人民大学出版社 2003 年版，990b。
② 黑格尔：《哲学史讲演录》（第二卷），贺麟、王太庆译，商务印书馆 1960 年版，第289 页。
③ 黑格尔：《哲学全书·第三部分·精神哲学》，杨祖陶译，人民出版社 2006 年版，第 18页。

经验的方式产生，而是说自然中先天地已包含有精神作为其本质和核心。对此，黑格尔是这样说的："扬弃这种否定性的，正是自由精神的力量；自由的精神既存在于自然界之先，也同样存在于自然界之后，而不仅仅是自然界的形而上学理念。正因为如此，自由的精神作为自然界的目标是先于自然的，自然界是由精神产生的，然而不是以经验方式产生的，而是这样产生的，即精神以自然界为自己的前提，总是已经包含于自然之中。"①这段话中说的"然而不是以经验方式产生的"，就是黑格尔哲学的观念论的缺陷的关键所在。也就是说，黑格尔哲学的观念论，只能从形式上说明自然是精神产生的，却始终不能说明精神如何以经验方式产生自然，即不能说明精神产生自然的质料来自哪里。因此，黑格尔哲学的观念论的精神产生自然始终没有真实性和现实性。

黑格尔哲学比其他唯心论哲学高明之处，就在于它不排除个别的、特殊的、具体的东西和自然，相反，它认为精神只有包含个别的、特殊的、具体的东西和自然才是真正的和现实的精神。但是，精神始终是第一性的，其他的东西只是精神的环节和内容，精神是其他的东西的内在本质，贯穿在其他的东西之中。从辩证唯物论角度看，由于回避了经验方式和质料，黑格尔哲学的观念论的精神第一性和精神产生自然，是片面的、脆弱的、不现实的。

黑格尔赞成安瑟伦（Anselmus，又译安瑟尔谟）关于上帝存在的本体论证明，并批驳康德反对安瑟伦的上帝本体论证明所举的一百元钱的例子。黑格尔首先认为，上帝与一百元钱不是同一个层次的概念，上帝是无限概念，一百元钱是有限概念，康德举例不当，没有说服力②。其次，如果你真有一百元钱的概念，你就会千方百

---

① 黑格尔：《自然哲学》，梁志学等译，商务印书馆1980年版，第617页。
② 参见黑格尔：《小逻辑》，贺麟译，商务印书馆1980年版，第140页。

计通过实践去挣取一百元钱，从而现实地拥有一百元钱，因此一百元钱的概念就变为现实的一百元钱的存有，否则，你就是假有一百元钱的概念或拥有一百元钱的假概念①。黑格尔这个观点是十分高明的，道出了通过实践，思维与存在之间的相互转化以及思维与存在的同一。但是，这里起关键作用的是通过实践，而实践是离不开与事物（质料）经验地打交道的。而在观念论的第一性的精神如何产生自然的问题上，黑格尔却始终回避经验方式（实践途径）与质料——为了贯彻观念论也不得不回避。在黑格尔看来，他的观念论中的概念、理念、绝对精神，和上帝一样，是先天的。上帝创造世界，黑格尔深信不疑，在我看来这是僧侣主义和神秘主义。

我认为，先天的观点属于客观的观点，本身无所谓对错，其对错要看用来解释什么理论。先天的观点用于解释本体论是对的，而用于解释认识论则是错的。物质本体论也属于先天本体论，因为物质不是人类后天创造的，所以物质是客观存在。而认识活动不能是先天的，只能是后天的，始于经验的，无论如何要带上主观的痕迹；先天观点的认识论就是先验论，一切唯心论的认识论归根结底都是先验论。因此，黑格尔在本体论上坚持先天的观点没有错，问题错在他把先天的本体建立在观念（概念）的基础上。黑格尔的观念论是从我前面所说的意识的世界的一般的意识世界中找到世界统一的东西（本原）的，所以必然存在无中生有的缺陷。要避免无中生有的缺陷，只有从事物的世界的一般的事物世界中去寻找世界统一的东西（本原），它就是物质。因为一般的事物世界寓于个别的事物世界之中，只要运用辩证思维，物质本体论就可以合理解释一般与个别，存在与思维（物质与意识）的关系，既在形而上的层面上自圆

---

① 参见黑格尔：《哲学史讲演录》（第四卷），贺麟、王太庆译，商务印书馆1978年版，第283页。

其说，又与现实世界相统一。

下面再讲一下黑格尔在为他的观念论辩护时显示出来的一些理论缺陷。

其一，黑格尔没有真正弄清事物的世界与意识的世界的关系以及意识（概念）的主观形式与客观内容的关系。下面结合一段黑格尔的原话来分析：

> ……古代或近代哲学的本原，如水或物质或原子，都是思想、共相和观念物，而不是直接当前的、感性中的个别事物，甚至那个泰列士的水也不是；因为它虽然也是经验的水，但是除此而外，它又同时是一切其他事物的自在或本质，这些事物并不是独立的，以自身为基础的，而是从一个他物，即从水建立起来的，也就是观念的。由于前面称本原、共相为观念的，那么，概念、理念、精神，就更加必须称为观念的了；而感性的个别事物，在本原、概念中，尤其是在精神中，是作为观念的，作为被扬弃了的；……①

这里，黑格尔说水、物质、原子不是直接当前的、感性中的个别事物，是对的；但为他的观念论辩护，认为水、物质、原子都是思想，这就不对了。我前面说过，世界本来只有事物的世界，因为人类认识把握事物一般要通过意识，即人类是在认识关系之内来认识把握事物的，这样人类和其他物种不同，独另有一个意识的世界。我们不能因为通过意识来把握事物，就说所把握的事物是意识。在黑格尔这段话里，就是不能因为用水、物质、原子这样的概念来把

---

① 黑格尔：《逻辑学》（上），杨一之译，商务印书馆1966年版，第156页。

握水、物质、原子，就说水、物质、原子不过是概念（思想）。在日常生活中，人们无处不在使用意识（概念）把握事物，难道人们使用的意识（概念）仅仅是思想吗？其实，意识（概念）的形式是主观的（观念的、思想的），但它的内容是客观的，是指向事物的。人们平常用意识（概念）交流，都在传递着意识的客观内容，而忽略它的主观形式。另外，前面讲黑格尔为什么坚持观念论的反面理由时，引用了黑格尔认为物质是纯粹抽象的两段话，这里不重复引用，其错误所在亦如此。

再者，黑格尔这里把水、物质等概念与理念、精神等概念并列类比是不对的。表面上看，前者和后者都是概念、思想，所以没有区别，都不过观念而已。黑格尔正是这么看的，从而为他的观念论辩护。一般来说，事物的世界与意识的世界是对应的（即思维与存在同一），这样的意识是对第一层次对象（事物）的意识，所以说意识有客观内容。此外，还有以意识为对象的对第二层次对象的意识，这样的意识，不仅形式上是主观的，而且内容上也是主观的，因为它以意识为对象，而不是以事物为对象。但这样的意识的内容也不是无中生有，可以逐级还原到对第一层次对象的意识，所以，一切意识归根结底是与事物对应的，是有客观事物的内容来源的，哪怕是怪诞的意识（梦中的意识），人们创造的意识（龙的概念），莫不有其客观事物的来源。妖怪也不过三头六臂，还是现实世界的头与臂的组合。在黑格尔这段话里，水、物质等概念是对第一层次对象的概念，即以事物为对象的概念；理念、精神等概念是对第二层次对象的概念，即以意识为对象的概念。所以，这两者是不能并列类比的，前者的内容是事物，后者的内容是意识。

其二，黑格尔没有真正弄清一般与个别的关系，时而认为一般寓于个别中，时而认为一般与个别无关。黑格尔说：

在别的地方我曾经把他比做一个患病的学究，医生劝他吃水果，于是有人把樱桃或杏子或葡萄放在他前面，但他由于抽象理智的学究气，却不伸手去拿，因为摆在他面前的，只是一个一个的樱桃、杏子或葡萄，而不是水果。①

这里，黑格尔知道一般（水果）寓于个别（樱桃）中。医生劝病人吃水果，就意味着他可以吃樱桃、杏子等各种水果，不然，医生会做出限定说明，劝病人具体该吃哪一种水果。但黑格尔在别处又说：

……动物本身是不能指出的，能指出的只是一个特定的动物。动物本身并不存在，它是个别动物的普遍本性，而每一个存在着的动物是一个远为具体的特定的东西，一个特殊的东西。②

因为我们思考事物，我们就使它们成为某种普遍的东西；但事物却是个别的，一般的狮子并不存在。③

在这两句话中，黑格尔又没有看到一般（动物、一般的狮子）寓于个别中，认为动物、一般的狮子不存在。其实，只要个别的东西是存在的，一般的东西也就是存在的，因为一般寓于个别之中。只是个别的东西可以感知也可以靠思维把握，而一般的东西则只有靠思维把握，这个特点使一般的东西常被误以为不存在，其实一般

---

① 黑格尔:《哲学史讲演录》(第一卷)，贺麟、王太庆译，商务印书馆1959年版，第23页。
② 黑格尔:《小逻辑》，贺麟译，商务印书馆1980年版，第80页。
③ 黑格尔:《自然哲学》，梁志学等译，商务印书馆1980年版，第10页。

的东西只是不以感性的方式存在而已。如果一般的东西不存在，那么我们通常使用的一般概念还有什么意义？难道世界上不存在动物、狮子吗？这显然是荒谬的。

第二章
黑格尔哲学的实体即主体原则

第一节　实体即主体是黑格尔哲学的一个原则

　　黑格尔自己并没有说实体即主体是他的哲学的一个原则，但他在《精神现象学》序言里两次讲到实体即主体的关键作用。

　　其一，"照我看来，——我的这种看法的正确性只能由体系的陈述本身来予以证明——一切问题的关键在于：不仅把真实的东西或真理理解和表述为实体，而且同样理解和表述为主体。"①这句话的意思是：真理的证明就是体系的陈述；体系陈述的关键在于，真理是实体，同时是主体。简言之，真理就是体系的陈述，体系陈述的关键在于实体即主体。

　　其二，"说真理只作为体系才是现实的，或者说实体在本质上即是主体，这乃是绝对即精神这句话所要表达的观念。精神是最高贵的概念，是新时代及其宗教的概念。唯有精神的东西才是现实的；精神的东西是本质或自在而存在着的东西，——自身关系着的和规定了的东西，他在和自为存在——并且它是在这种规定性中或在它的他在性中仍然停留于其自身的东西；——或者说，它是自在而自

---

① 黑格尔：《精神现象学》（上），贺麟、王玖兴译，商务印书馆 1979 年第 2 版，第 10页。

为。"①这段话的意思是：真理是体系，体系的实现的关键在于实体即主体；实体即主体就是把精神展开为自身中的他在，就是精神的自在自为。

　　黑格尔哲学把精神理解为实体，把实体理解为主体；主体自己运动、自己展开、自己实现，最后达到绝对精神。实体即主体贯穿在整个精神运动过程中，起着动力原的关键作用，所以我把它看作黑格尔哲学的一个原则。

　　近代哲学的主体性原则也称个体性原则。笛卡尔提出"我思故我在"，首先发出主体的声音。但笛卡尔受数学方法影响，哲学上表现为机械论和二元论倾向。斯宾诺莎提出实体概念以克服笛卡尔的二元论，但并不彻底，仍受数学方法和知性思维影响。莱布尼茨的单子论才突破知性思维限制，使主体性原则树立起来。黑格尔也认为："……斯宾诺莎的哲学所缺少的，就是西方世界里的个体性原则。这原则于斯宾诺莎主义同时代，在莱布尼茨的单子论里以哲学的形式首先出现。"②主体性原则在唯理论（莱布尼茨）那里表现为先天的原则，在经验论（贝克莱）那里表现为主观的原则。康德则折中唯理论和经验论，提出先天综合判断的思想，但更偏重于经验论，主体性原则没有得到贯彻（达不到物自体）。费希特提出自我意识的思想，本来是想摆脱康德的物自体，进一步贯彻先天主体性原则，结果陷入主观主体性原则。谢林为克服费希特的主观性缺陷，提出与自然同一的同一哲学和先验哲学，但因方法不得要领，先验哲学终未成体系。唯黑格尔把主体性原则发挥得淋漓尽致，就在于方法得当，这个方法就是实体即主体。黑格尔说："凡是自己运动的东西，这就是精神。精神是运动的主体，同样精神也是运动自身，或者说，

---

① 黑格尔：《精神现象学》（上），贺麟、王玖兴译，商务印书馆1979年第2版，第15页。

② 黑格尔：《小逻辑》，贺麟译，商务印书馆1980年，第314页。

精神是为主体所贯穿过的实体。"①实体即主体，就把精神盘活了；精神自己运动，神通广大，通过设立他在又返回自身的无限圆圈运动，囊括世界的一切领域，最终达到绝对精神，用黑格尔自己的话说就是："自在自为之有的世界是存在总体；在这个世界以外，别的什么也没有。"②

对于作为主体的实体是如何运动的，黑格尔有一个简要的概述。他这样说：

> 而且活的实体，只当它是建立自身的运动时，或者说，只当它是自身转化与其自己之间的中介时，它才真正是个现实的存在，或换个说法也一样，它这个存在才真正是主体。实体作为主体是纯粹的简单的否定性，惟其如此，它是单一的东西的分裂为二的过程或树立对立面的双重化过程，而这种过程则又是这种漠不相干的区别及其对立的否定。所以唯有这种正在重建其自身的同一性或在他物中的自身反映，才是绝对的真理，而原始的或直接的统一性，就其本身而言，则不是绝对的真理。真理就是它自己的完成过程，就是这样一个圆圈，预悬它的终点为目的并以它的终点为起点，而且只当它实现了并达到了它的终点它才是现实的。③

这段话的意思主要有三点：其一，主体是活的实体，活的实体是运动的主体；运动是实体自身建立中介的过程，经过中介转

---

① 黑格尔:《精神现象学》(下)，贺麟、王玖兴译，商务印书馆1979年版，第255页。
② 黑格尔:《逻辑学》(下)，杨一之译，商务印书馆1976年版，第150页。
③ 黑格尔:《精神现象学》(上)，贺麟、王玖兴译，商务印书馆1979年第2版，第11页。

化的实体才是现实的存在。其二，实体建立中介，就是自身分裂为对立面，在他物中反映自身，然后又回到自身同一；实体经过中介对立的同一才是真理。其三，真理是它自己的完成过程，这个过程表现为一个圆圈；目的是终点，又是包含根据的起点。黑格尔多处用圆圈来比作概念、精神的运动轨迹，圆圈就是实体自身同一，就是实体的内在性。但黑格尔说的圆圈，不能理解为平面几何上的圆圈，而应理解为历程中的圆圈。所以，概念运动一圈，貌似终点回到起点，实际上终点高于起点，比起点更具体、更真实。从这段引言看，实体即主体的作用，既是本体论的又是方法论的；本体论的作用就是坚持了观念论，方法论的作用就是贯彻了辩证法。

第二节　如何理解黑格尔哲学的实体即主体

一、实体即主体的基本含义

实体的概念最早出自亚里士多德。他把哲学规定为研究世界最初原因（本原）的学问，它的研究对象是存在，并通过对存在的逻辑分析，提出实体概念，认为实体是本体的存在，其他的存在都是依存实体的存在。亚里士多德在《形而上学》中说：

> 如此则存在有多种意义，但全部都与一个本原相关。因为事物被说成是存在，有些由于是实体，有些由于是实体的属性，有些由于是达到实体的途径，有些则由于是实体的消灭、缺失、性质、制造能力或生成能力；或者由于是与实体相关的东西，或者由于是对这些东西中某一个或

对实体的否定。故我们说非存在也是非存在的存在。①

亚里士多德根据他对实体下的定义将实体又分为两类，个别的事物是第一性的实体，事物的类属是第二性的实体。他说："实体，就其最真正的、第一性的、最确切的意义而言，乃是那既不可以用来述说一个主体又不存在于一个主体里面的东西，例如某一个个别的人或某匹马。但是在第二性的意义之下作为属而包含着第一性实体的那些东西也被称为实体；还有那些作为种而包含着属的东西也被称为实体。"②

亚里士多德考察实体的方式的特点是对象性、经验性，即只考察作为意识对象的实体，而没有考察意识本身。亚里士多德的思维还没有进展到自我意识，即没有进展到主体意识。自我意识、主体意识和主体性，是在中世纪哲学家对一般与个别的关系问题（唯名论与唯实论之争的核心问题）的争论没有结果之后，在近代自然科学的发展提出探究真理的普遍有效性的来源亦即研究认识活动本身的认识论兴起之后，才得到彰显和弘扬的；笛卡尔的"我思故我在"命题被认为是近代主体性哲学的先声。黑格尔也认为，"因此亟须对于思维的效果或效用，加以辩护，所以考察思维的本性，维护思维的权能，便构成了近代哲学的主要兴趣"③。所以，在亚里士多德的实体学说中，还没有出现意识这个概念，也无所谓思维与存在的对立问题。后来亚里士多德在个别与属种、质料与形式到底哪一个是第一性的实体的问题上陷入困境，认为他的老师柏拉图以理念（属种）为真实的存在的观点是更有道理的；这样，神，上帝是基督教概念（最一般的存在）是第一推动力的观点是亚里士多德实体理论

---

① 亚里士多德：《形而上学》，苗力田译，中国人民大学出版社 2003 年版，1003b5-10。
② 亚里士多德：《范畴篇·解释篇》，方书春译，商务印书馆 1959 年版，2a10。
③ 黑格尔：《小逻辑》，贺麟译，商务印书馆 1980 年版，第 68 页。

的归宿就不可避免了。在亚里士多德的实体理论中，一般与个别的关系问题呈现出来了，但还没有得到自觉的研究，它成为接下来的中世纪哲学的基本问题。可见，从经验开始考察哲学是对的，但仅仅停留在这个层次，像一般与个别、思维与存在这样的哲学基本问题不仅不可能得到解决，甚至还没有被发现，或者还没有被自觉意识到。但没有自觉意识到它们的存在，不等于它们事实上不存在。当你深入研究哲学时，就迟早要面对这些问题；如果这些基本问题没有得到科学解决，哲学要成为科学就是一句空话。

约两千年之后，斯宾诺莎重新明确地把实体看作存在论的基石。他对实体的定义是这样的："实体（substantia），我理解为在自身内并通过自身而被认识的东西，换言之，形成实体的概念，可以无须借助于他物的概念。"①仅从定义看，斯宾诺莎的实体与亚里士多德的实体区别不大，它们共同点是独立存在；但也有一点区别，即斯宾诺莎的实体强调自因，亚里士多德的实体强调实体的存在是其他的存在的载体。但结合他们各自对实体理论的具体阐发，就可看出他们的实体的含义有较大的区别。斯宾诺莎的哲学和实体理论是直接受笛卡尔哲学影响的。在笛卡尔哲学里，有上帝、心灵、物质三个实体，上帝是心灵、物质两个实体存在的保证，真正实体是心灵、物质，这两个实体各自独立并行，所以笛卡尔哲学是典型的二元论。斯宾诺莎为克服笛卡尔二元论缺陷（哲学的本性是追求世界的统一性和一元论），将笛卡尔的心灵、物质统一囊括在唯一的实体中，降为唯一实体的两个属性，但两个属性及其表现样式又分别是互不发生作用的两个系列，因此仍然保留着二元论的尾巴。可见，斯宾诺莎的实体把意识（心灵）包括在内，体现自我意识和主体性的思想，比亚里士多德的实体的形而上的程度更高。亚里士多德的实体指个

---

① 斯宾诺莎：《伦理学》，贺麟译，商务印书馆 1983 年版，第 3 页。

别的东西及其属种，有数量的性质（数量是实体的依存范畴），所以
实体在数量上是无限的；而斯宾诺莎的实体不指个别的东西及其属
种，而是个抽象本体，类似于存在范畴，所以实体是唯一的，没有
数量性质。受几何学方法影响，斯宾诺莎哲学的实体的主体性表现
还是形式上的或外在的。这点，黑格尔看得比较清楚，他说："因为
绝对的无区别似乎可以是斯宾诺莎实体的基本规定，……因此，区
别也没有从质的方面来把握，实体没有被规定为自行区分的东西，即
没有被规定为主体。"①又说："他（指斯宾诺莎——引者注）的体系
的内容的缺点在于并未认识到形式内在于内容里，而只是以主观的外
在的形式去规定内容。他的实体只是直观的洞见，未先行经过辩证的
中介过程。"②简言之，在黑格尔看来，斯宾诺莎的实体还不是主体。

　　所以，黑格尔提出实体即主体的观点并把它看作他的哲学的关
键之点，是对哲学史上的实体理论的扬弃。

　　黑格尔哲学的实体，就是西方哲学 Being 传统传至黑格尔哲学
的 Being（存在），而不是狭义的黑格尔逻辑学中作为第一个范畴的
存在。由于黑格尔哲学是实体的发展史，每个环节实体有不同的范
畴名称，因此在黑格尔哲学里，实体表现为一系列的范畴，如存在、
本质、概念、理念、精神等，这一系列的范畴又是同一实体。正如
黑格尔所说："至于实体，由于它具有单纯性或自身同一性，就表现
为固定的和持续存在的。"③实体作为黑格尔哲学的本体范畴的基本
特征是观念性或理想性，是客观唯心论的范畴。

　　黑格尔哲学的主体也是实体，之所以换个说法，把实体称为主
体，仅仅为了表明实体是活的实体，实体是自己运动着的实体，因

---

① 黑格尔：《逻辑学》（上），杨一之译，商务印书馆 1966 年版，第 417-418 页。
② 黑格尔：《小逻辑》，贺麟译，商务印书馆 1980 年版，第 315 页。
③ 黑格尔：《精神现象学》（上），贺麟、王玖兴译，商务印书馆 1979 年第 2 版，第 38
　页。

此，主体就是活动（运动）着的实体。"因为精神的活动本质上正在于使自己超越那囿于单纯自然生活的状态，把握自己的独立性，使世界从属于自己的思维，根据概念来创造这个世界。"①因此，作为主体的实体，才是真正的、实现的实体。

主体的特征在于它的能动性，所以主体又被黑格尔称作"我"："思维作为能动性，因而便可称为能动的普遍。而且既然思维活动的产物是有普遍性的，则思想便可称为自身实现的普遍体。就思维被认作主体而言，便是能思者，存在着的能思的主体的简称就叫做我。"②黑格尔认为主体能动性的特征是扬弃："精神在否定的东西那里停留，这就是一种魔力，这种魔力就把否定的东西转化为存在。而这种魔力也就是上面称之为主体的那种东西；主体当它赋予在它自己的因素里的规定性以具体存在时，就扬弃了抽象的、也就是说仅只一般地存在着的直接性，而这样一来它就成了真正的实体，成了存在，或者说，成了身外别无中介而自身即是中介的那种直接性。"③所以，黑格尔说主体是更高级的实体："自在自为之有，由于它是建立起来之有才有的，因此这种无限的自身反思就是实体的完成。但这种完成已经不再是实体本身，而是一个更高级的东西，即概念、主体了。"④

二、黑格尔为什么提出实体即主体

上面讲了黑格尔哲学的实体即主体的基本含义，那么，黑格尔

---

① 黑格尔：《哲学全书·第三部分·精神哲学》，杨祖陶译，人民出版社 2006 年版，第 49 页。
② 黑格尔：《小逻辑》，贺麟译，商务印书馆 1980 年版，第 68 页。
③ 黑格尔：《精神现象学》（上），贺麟、王玖兴译，商务印书馆 1979 年第 2 版，第 21 页。
④ 黑格尔：《逻辑学》（下），杨一之译，商务印书馆 1976 年版，第 243 页。

为什么提出实体即主体，并认为它是一切问题的关键呢？简单说来，有以下两个原因。

（一）为了克服旧形而上学的缺陷

黑格尔说的旧形而上学及其缺陷指什么，且看他的四段原话：

> 由此足见，旧形而上学的主要兴趣，即在于研究刚才所提到的那些谓词是否应用来加给它们的对象。但这些谓词都是有限制的知性概念，只能表示一种限制，而不能表达真理。……反之，要想得到对于一个对象的真知，必须由这对象自己去规定自己，不可从外面采取一些谓词来加给它。……知性本身是有限的，也只能认识有限事物的性质。……但理性的对象却不是这些有限的谓词所能规定，然而企图用有限的名言去规定理性的对象，就是旧形而上学的缺陷。①
>
> ……但要想对这些问题提出一个满意的答复，最紧要的是我们切不可把抽象的知性规定坚执为最后的规定，这意思是说，不可认为对立的两个规定的任何一方好像有其本身的持存性似的，或者认为任何一方在其孤立的状态下就有其实体性与真理性似的。但康德以前的形而上学家，却大都采取这种固执孤立的观点，所以他们在宇宙论的讨论里，便不能达到他们想要把握世界现象的目的。②
>
> 根据前此的一番讨论，试再对于旧形而上学的方法加以概观，则我们便可见到，其主要特点，在于以抽象的有限的知性规定去把握理性的对象，并将抽象的统一性认作

---

① 黑格尔：《小逻辑》，贺麟译，商务印书馆1980年版，第98页。
② 黑格尔：《小逻辑》，贺麟译，商务印书馆1980年版，第105页。

最高原则。但是这种知性的无限性，这种纯粹的本质，本
身仍然只是有限之物，因为它把特殊性排斥在外面，于是
这特殊性便在外面否定它，限制它，与它对立。这种形而
上学未能达到具体的同一性，而只是固执着抽象的同一
性。……这种形而上学的材料是从古代哲学家、特别经院
哲学家那里得来的。……柏拉图并不是这种形而上学家，
亚里士多德更不是，虽说有许多人常常以为他们也是这样
的形而上学家。①

　　通过思维首先产生出来的哲学派别是形而上学的派别，
思维理智的派别；……第一个时期，即形而上学时期，主
要代表人物是笛卡尔、斯宾诺莎、洛克、莱布尼茨等人，
——还有法国唯物论者们。②

　　从这四段文字，再结合黑格尔在《小逻辑》中思想对客观性的
三种态度的划分来看，旧形而上学主要指包括经院哲学以后、康德
以前的哲学，但不包括经验主义（洛克除外）、怀疑主义、直观主义、
信仰主义。旧形而上学的缺陷主要指知性思维的外在性、抽象性、
有限性。在黑格尔看来，古希腊哲学还是有不少辩证思维的，他曾
在《哲学史讲演录》中说没有一个赫拉克利特的命题不纳入他的逻
辑学中③；但黑格尔对柏拉图、亚里士多德的辩证思维赞誉偏高，显
示出以他的辩证思维去理解他崇敬的两位先哲的哲学的个人偏好。
由于黑格尔对旧形而上学的知性思维的批判，形而上学这个概念自
黑格尔始方有与辩证法对立的含义；马克思主义哲学继承了黑格尔

---

① 黑格尔：《小逻辑》，贺麟译，商务印书馆 1980 年版，第 109-110 页。
② 黑格尔：《哲学史讲演录》（第四卷），贺麟、王太庆译，商务印书馆 1978 年版，第
　 61 页。
③ 参见黑格尔：《哲学史讲演录》（第一卷），贺麟、王太庆译，商务印书馆 1959 年版，
　 第 295 页。

赋予形而上学概念的这一含义。黑格尔认为，旧形而上学的缺陷，是以抽象的有限的知性去把握理性的对象，并将抽象的统一性认作最高原则。黑格尔这个看法吸收了康德的观点。康德认为，以先天知性范畴去把握理性对象时必然陷于幻相[1]，其原因是范畴离开了经验的运用；而黑格尔认为知性范畴是抽象的有限范畴，故而不能把握无限的理性。黑格尔因此没有把康德哲学纳入旧形而上学范围，并认为"康德是最早明确地提出知性与理性的区别的人。……这不能不说是康德哲学之一重大成果"[2]。"但是康德只走到半路就停住了"[3]，"康德对于思维范畴的考察，有一个重要的缺点，就是他没有从这些思维范畴的本身去考察它们，……"[4]"但批判哲学的片面性，在于认为知性范畴之所以有限，乃因为它们仅属于我们的主观思维，而物自体永远停留在彼岸世界里"[5]。这里"批判哲学"指康德哲学，黑格尔习惯这样称康德哲学。

黑格尔认为，在克服知性思维的缺陷上，费希特在康德哲学基础上又推进了一步，但费希特却沉溺于自我之中，没有真正克服知性的缺陷，摆脱物自体的缠绕。黑格尔说：

> 因为在康德哲学里，思维作为自身规定的原则，只是形式地建立起来的，至于思维如何自身规定，自身规定到什么程度，康德并无详细指示。这是费希特才首先发现这种缺欠，并宣扬有推演范畴的需要。……费希特哲学以自我作为哲学发展的出发点，……但是费希特所谓自我，似

---

[1] 参见康德：《康德三大批判合集》（上），邓晓芒译，杨祖陶校，人民出版社 2009 年版，B449。
[2] 黑格尔：《小逻辑》，贺麟译，商务印书馆 1980 年版，第 126 页。
[3] 黑格尔：《小逻辑》，贺麟译，商务印书馆 1980 年版，第 276 页。
[4] 黑格尔：《小逻辑》，贺麟译，商务印书馆 1980 年版，第 119 页。
[5] 黑格尔：《小逻辑》，贺麟译，商务印书馆 1980 年版，第 150 页。

乎并不是真正地自由的、自发的活动。因为这自我被认为
最初是由于受外界的刺激而激励起来的，……因此，费希
特也仍然停滞在康德哲学的结论里，认为只有有限的东西
才可认识，而无限便超出思维的范围。康德叫做物自体的，
费希特便叫做外来的刺激。①

从哲学史上看，既然"按照有限的规定去思维和行动，就是导
致一切幻觉和错误后果的来源"②，那么，"对于思辨意义的概念与
通常所谓概念必须加以区别。认为概念永不能把握无限的说法之所
以被人们重述了千百遍，直至成为一个深入人心的成见，就是由于
人们只知道狭义的概念，而不知道思辨意义的概念"③。所以，黑格
尔所要做的，就是在康德等人的基础上，彻底克服旧形而上学的缺
陷；提出实体即主体就是为了做到这点。

其实，黑格尔知道经验、反思（理智）也是人们必不可少的认
识方式④，并承认理智的权利和优点。他说："但还有一点必须补充，
即无论如何，我们必须首先承认理智思维的权利和优点，大概讲来，
无论在理论的或实践的范围内，没有理智，便不会有坚定性和规定
性。"⑤理智之所以是有缺陷的，是因为"思维是有限的，只有当它
停留在有限的规定里，并且认这些有限规定为究竟至极的东西"⑥。

在我看来，古希腊哲学中之所以旧形而上学的缺陷还不明显，
是因为在古希腊哲学中，哲学的基本问题，如一般与个别（无限
与有限）的对立，还没有自觉地呈现出来，而思维与存在（主观

---

① 黑格尔：《小逻辑》，贺麟译，商务印书馆1980年版，第151页。
② 黑格尔：《小逻辑》，贺麟译，商务印书馆1980年版，第87页。
③ 黑格尔：《小逻辑》，贺麟译，商务印书馆1980年版，第49页，导言。
④ 参见黑格尔：《小逻辑》，贺麟译，商务印书馆1980年版，第87页。
⑤ 黑格尔：《小逻辑》，贺麟译，商务印书馆1980年版，第173页。
⑥ 黑格尔：《小逻辑》，贺麟译，商务印书馆1980年版，第97页。

与客观）的对立还是潜伏着的。正如黑格尔所说："希腊的哲学思想是朴素的，因为还没有注意到思维与存在的对立，这种对立还不是它所考察的对象。"①古希腊哲学中呈现出来的基本问题是一与多。古希腊哲学之后，一般与个别的矛盾、思维与存在的矛盾才先后自觉地呈现出来。在黑格尔看来，这一切对立的根源是知性（理智）思维方式的有限性，而把实体表述为主体，就是破解知性思维方式的关键。

（二）实体自己运动是解决一切哲学对立的关键

为什么实体即主体是克服旧形而上学缺陷的关键呢？简言之，因为作为主体的实体是自己运动的。

知性思维是静态思维，遵循同一律。在这种思维方式下，哲学的各种矛盾的对立双方无法过渡、转化、达到统一。黑格尔认为，实体即主体就是要让实体自己运动起来。他说：

> 但是，这个本身即是精神的实体，就是它变成它自在地是那个东西的过程；而且只有作为自己回复到自己的变化过程、精神自身才真正是精神。精神自在地就是运动，就是认识的运动，——就是由自在转变为自为，由实体转变为主体，由意识的对象转变为自我意识的对象，这就是说，转变为同时又被扬弃了的对象，或者转变为概念的运动。这个运动是向自己回复的圆圈，这圆圈以它的开端为前提并且只有在终点才达到开端。②

---

① 黑格尔：《哲学史讲演录》（第一卷），贺麟、王太庆译，商务印书馆1959年版，第106页。
② 黑格尔：《精神现象学》（下），贺麟、王玖兴译，商务印书馆1979年版，第268页。

　　黑格尔认为，主体的运动就是不断的辩证否定；正是主体的否定性，使实体不断自己建立对立又克服对立。"如果这个否定性首先只表现为自我与对象之间的不同一性，那么它同样也是实体对它自己的不同一性。看起来似乎是在实体以外进行的，似乎是一种指向着实体的活动，事实上就是实体自己的行动，实体因此表明它自己本质上就是主体。当实体已完全表明其自己即是主体的时候，精神也就使它的具体存在与它的本质同一了，它既是它自己又是它自己的对象，而知识与真实性之间的直接性和分裂性所具有的那种抽象因素于是克服了。"①

　　实体即主体的运动是没有时空限制的精神的运动②，不能像理解时空中的有限事物的运动那样来理解主体的运动。那么主体的运动有什么特点呢？黑格尔分散地讲到主体（精神）运动的地方不少，下面引用两小段略做例证：

　　　　因为中介不是别的，只是运动着的自身同一，换句话说，它是自身反映，自为存在着的自我的环节，纯粹的否定性，或就其纯粹的抽象而言，它是单纯的形成过程。……因此，如果中介或反映不被理解为绝对的积极环节而被排除于绝对真理之外，那就是对理性的一种误解。③

　　　　这种精神的运动，从单纯性中给予自己以规定性，又从这个规定性给自己以自身同一性，因此，精神的运动就是概念的内在发展：它乃是认识的绝对方法，同时也是内

---

① 黑格尔：《精神现象学》（上），贺麟、王玖兴译，商务印书馆1979年第2版，第24页。
② 参见黑格尔：《小逻辑》，贺麟译，商务印书馆1980年，第402页。
③ 黑格尔：《精神现象学》（上），贺麟、王玖兴译，商务印书馆1979年第2版，第12-13页。

容本身的内在灵魂。——我认为，只有沿着这条自己构成自己的道路，哲学才能够成为客观的、论证的科学。[①]

　　结合这两段引文，概括地说，主体的运动大致有四个特点。首先，它是内在运动，自己运动；既不是外力推动，也不是运动脱离自身，无论怎么运动，始终保持自身同一、在自身之内。其次，它是自我否定的运动，这种否定不是单纯的或绝对的否定，而是既克服自身又保留自身，即扬弃[②]。再次，它是自身中介的过程；中介就是否定自己设立起来的他物，而自己也是他物的中介，因此是自身设立的互为中介。最后，它是不断否定的过程；否定的否定表现为一个终点回到起点的圆圈；不断否定的否定表现为一连串的圆圈，不断回到起点又高于起点的过程。

　　我在第一章开篇时说黑格尔哲学的方法是现代意义上的，就是指黑格尔一反传统旧形而上学的知性（理智）的方法，而彻底贯彻辩证的方法。黑格尔试图以辩证的方式，把世界解释为运动着的世界。黑格尔之后的一些现代西方哲学流派，如伯格森的生命哲学、海德格尔的存在主义，它们也试图把世界解释为运动着的，即世界本来的样子（因为世界本来是运动着的），但又试图避免使用知性或辩证的方法，所以陷入非理性主义和神秘主义，最后什么也没讲清楚。

　　在我看来，知性思维是静态思维，而世界是动态（运动着）的；人类试图完全认识世界本身是不可能的，但通过辩证思维，人类能不断接近认识世界本身。这与康德的物自体不可知的观点不同，但有一点契合，即不能完全认识物自体（世界本身）。人类的认识活动的深化和认识水平的提高只能是在增加正多边形的边数，正 n 边形

[①] 黑格尔：《逻辑学》（上），杨一之译，商务印书馆 1966 年版，第 5 页，第一版序言。

[②] 扬弃（Aufheben）一词常被黑格尔用来讲述辩证的否定，这一用法为马克思主义哲学继承。参见《小逻辑》，贺麟译，商务印书馆 1980 年版，第 213 页。

只能无限地接近圆，而永远不是圆本身。这是人类固有的认识能力决定的。知性思维为人类认识世界立下汗马功劳，人类没有知性思维几乎寸步难行，不会有任何知识。辩证法的发现完全是建立在知性思维的基础上的，辩证法只能起到弥补知性思维不足的作用，但不能完全消除知性思维的固有缺陷。黑格尔对辩证法运用裕如，是观念上的推演，正如你在观念上可以无限自由一样。在现实中，辩证法运用至极端就什么也认识不了，就如克拉底鲁（Kratylos）所说，人即使踏进河流一次也是不可能的；因为，辩证法告诉人们的就是"既是也不是"。"是""不是"，就是知性思维的结果；辩证法的"既是也不是"是建立在知性思维基础上的。对辩证法的运用把握不好就会成为诡辩或者不可知论，所以有时辩证法被人们戏称为捣糨糊。人类可以感知动态（的事物），但如果要理性认识动态必须经过知性思维，而知性思维是人类固有的静态思维，所以人类只能通过静态去认识动态。因此，人类永远不能完全认识动态（的事物），只能不断接近地认识动态（的事物）。不过，人们在实践上（不是在认知上）可以在某些境况下完全把握或感知动态，例如，人们有时可以把握（体悟）到自己的生命运动，可以默不作声地驾驶着一辆车，等等。但是，谁也无法用理性思维完全讲清楚自己的生命运动，不论怎么使用理性思维，把一个头疼完全讲清楚都是不可能的。我们认识上的诸多矛盾，是知性思维方式引起的，而知性思维方式是人类固有思维方式。在这个前提下，然后我们才有资格说，我们所认识的矛盾是事物固有矛盾，是客观的矛盾，因为，我们是在认识关系之内来认识（把握）事物的。所以，当我们以理性方式谈论或表达客观事物时，事物已经不是绝对客观的，而是你认识到的客观的。但我们也不能因为我们是在认识关系之内来认识（把握）事物，就说事物完全是主观的，事物仍有相对的客观性。由于认识不能避免形式上的主观性，所以在认识关系之内，认识自身不能最终证明事物的客观性。事物的客观性最终只能通过实践来证明。你所吃的是画饼还是实饼，最终由实践来证明。

三、实体即主体的效用

实体即主体在黑格尔哲学的关键作用，体现在它的效用上。它的效用，可从不同角度和层面去考察，我主要从本体论、认识论角度做些简要的概括。实体（精神）得到实现、达到真理，也是实体即主体的效用，但关于黑格尔哲学的现实性特征和真理观我安排在第四章，这里就没有列出。下面讲实体即主体使辩证法得到充分展现，与第四章讲辩证法在内容上各有偏重，没有重复。

（一）实体即主体使观念论得到贯彻

黑格尔全部哲学，就是试图阐明精神是世界的本质，世界统一于精神，或精神统领世界。如果说逻辑学是黑格尔哲学的本体论，那么观念论就是黑格尔哲学的本体论的基石。前面说到过，观念论古已有之，柏拉图的理念、普罗提诺的太一、莱布尼茨的单子等，都属于观念论。它们在理论上，或者不成体系，或者体系简陋，或者体系不彻底。它们有的还没自觉认识到哲学的基本问题，比如柏拉图的理念论还处于主要以对话和神话来表达思想的水平，还没有达到概念论证的水平；有的不能解决哲学的基本问题，如普罗提诺的太一说不能克服一般与个别的对立，莱布尼茨的单子论不能克服思维与存在的对立；有的不能贯彻到底，如康德、费希特、谢林的先验论都没有贯彻到底。而黑格尔的观念论不仅克服了哲学史上的种种对立，同时把整个世界囊括在观念（精神）之内。黑格尔是怎么做到的呢？黑格尔认为，观念（精神）是世界的本质（本原）没有错，哲学史上的观念论之所以没有成为科学，在于它的思维方式不对；哲学史上的观念论的观念（概念）只是抽象的知性概念。黑格尔则以思辨（辩证）的思维方式，把他的观念论的观念（概念）理解为主体，理解为自己运动的实体，则一切问题迎刃而解。实体自己运动起来了，有主动性了，就可以架设过渡的桥梁（自己设立中介），就没有跨不过去的坎，没有越不过去的鸿沟，没有克服不了的对立，没有达不到的统一；而哲学的使命就是要达到世界的统一性。

（二）实体即主体使辩证法得到充分展现

人们常说辩证法是黑格尔哲学的合理内核。那么，黑格尔哲学中怎么会有辩证法，它是哪里来的？其实，辩证法不是实体性的东西，而是实体性的东西运动的最一般规律，当人们认识和掌握它时，它也变成一种认识和实践的方法。"就像没有无物质的运动一样，也没有无运动的物质。"[①]黑格尔这句话也同样适用于实体（精神），因为物质不过是实体的外化和他在形态。在黑格尔哲学中，辩证法就是实体（精神）的运动法则（规律），辩证法的存在依存于实体的存在，辩证法本身不是实体性的存在。既然辩证法本身没有实体性，所以就不是先哪里有一个辩证法，然后实体按照辩证法运动，而是实体在运动过程中将它的运动轨迹（规律）展现出来，也就是将辩证法展现出来。换言之，辩证法不是外加的法则，而是实体自己运动呈现的法则。如果硬要回答辩证法是哪里来的，只能说是从实体的运动中展现出来的。运动是变易，从这个意义上讲，辩证法叫作变证法更合适，这样称呼还可以避免因一个"辩"字而以为辩证法是一种主观的法则。在黑格尔哲学中，辩证法是一种客观（精神）的法则，当它被人们认识和掌握时，也可成为主观的法则；但主观的法则是依照客观的法则而来的，所以从根本上讲辩证法是客观的

---

① 黑格尔：《自然哲学》，梁志学等译，商务印书馆 1980 年版，第 60 页。

法则。不过，就辩证法（英 Didlectics）的词源上说，辩证法一词起源于希腊文 Dialektiketechne，意为谈话、论战的技艺①，是一种主观的方法。

在黑格尔哲学中，辩证法是实体的运动法则，实体之所以运动是因为实体即主体。"至于辩证的运动本身，则以纯粹的概念为它自己的原素；它因此具有一种在其自身就已经彻头彻尾地是主体的内容。"②那么主体是怎么展现实体的运动法则的呢？实体的运动，虽然不是直接的物质的运动（实体运动是物质运动的本质，物质运动是实体运动的外化），但实体的运动与物质的运动有共同的特征，那就是既在某一点又不在某一点，既肯定又否定，即辩证的否定，即扬弃。否定源于肯定自身，否定本身又扬弃自身，回到肯定，这就是否定的否定；辩证法就是不断的扬弃。黑格尔认为，知性思维用"是"表述（静态关系），而辩证思维以"既是也不是"表述（动态环节）。"但是只有在精神里，这两个抽象的方面才达到它们的真理性，即被设定为被扬弃了的环节，——这种设定是不能用判断及其无精神性的联系词'是'来表述的。……对一般人来说，这个概念所产生的困难乃由于固执着抽象的联系词'是'，而忘记了思维，在思维里，这两个环节既是也同样不是，——它们是一个运动，这个运动就是精神。"③

黑格尔虽然承认形式逻辑和知性思维的一定地位，但他的哲学是要把世界解释为一个运动着的理念的统一的世界，整个哲学是以辩证法展开的；形式逻辑和知性思维主要是他的哲学的批判对象。我认为，如果说知性思维的极端运用会与现实相脱离，那么辩证思

① 参见冯契主编：《哲学大词典》，上海辞书出版社 2007 年版，第 72 页。
② 黑格尔：《精神现象学》（上），贺麟、王玖兴译，商务印书馆 1979 年第 2 版，第 45 页。
③ 黑格尔：《精神现象学》（下），贺麟、王玖兴译，商务印书馆 1979 年版，第 251 页。

维的极端运用会导致没有确切的知识。因为人们认识事物一定要通过知性思维（思维内容的静态停留），而极端的辩证思维使思维内容一直在运动（否定）过程中而没有停留。极端的辩证思维没有告诉人们任何确定的知识，所以有神秘主义倾向；狄尔泰把黑格尔解读为非理性主义者，也许道理就在这里。黑格尔的自然哲学遭科学家厌弃，原因之一是自然科学最讲究知性思维和确切的知识，而黑格尔的自然哲学通篇贯穿非知性思维。洪堡特认为黑格尔是"力求不弄湿双手，而用思辨方法解决一切问题"，甚至把德国当时自然科学的落后与黑格尔的自然哲学的流行联系起来[①]。爱因斯坦认为恩格斯的《自然辩证法》对科学研究毫无用处，其原因之一也是如此。

在辩证唯物论看来，辩证法是世界运动的法则；但当人们截取世界运动的一个画面（横切面）时，凡是动态（纵向）中的矛盾也无不在静态（横向）中显现出来，所以事物的静态关系也展现出辩证关系，如位置的上下关系。就像人们锯断一棵大树，一圈一圈的树龄清晰可见；静态横切面上的信息，反映的却是动态纵向岁月的流逝。如果说，黑格尔逻辑学的存在论展现的是动态（过渡）辩证法，那么它的本质论展现的则是静态（映现）辩证法。

马克思把黑格尔的客观的精神辩证法改造成客观的物质辩证法，把颠倒的辩证法再颠倒，马克思诸多思想受了黑格尔思想的影响。萨特思想受马克思主义影响，但在其著作《辩证理性批判》中提出人学辩证法，以反对马克思主义的唯物辩证法。人学辩证法认为自然界不存在辩证法，而人的行动却具有一种先天的辩证结构。我倒认为，马克思主义哲学的辩证法，在自然界才充分体现出来；人类社会也大致遵循辩证法，但由于社会有人的意识的参与，辩证法在人的意志领域有时是不灵的。人的意志之所以是意志，就是人有时

[①] 参见黑格尔：《自然哲学》，梁志学等译，商务印书馆 1980 年版，第 xxiii 页，译者序言。

可以完全自己主宰自己，自己就是立法者。有时人决定做一件事，即使他明知这个行为是违背道德或违反法律的，他也一定要去做，并愿意承担由此带来的一切后果，这就是意志；而自杀是意志的极端体现，谁也阻挡不了。可见，在人的意志面前，有时道德、法律、辩证法（普遍规律）等统统失效。

（三）实体即主体使普遍的东西具体化

黑格尔既然反对以知性思维作为哲学的方法，也就反对抽象的概念，而崇尚具体概念。他说："所以对于单纯的抽象概念或形式思想，哲学简直毫不相干涉，哲学所从事的只是具体的思想。"[1] 又说："哲学所从事的，永远是具体的东西，并且是完全现在的东西。"[2] 这里"具体的东西"其实是指具体概念（思想）。具体概念是什么意思？"就概念作为绝对形式而言，它是一切规定性，但概念却是这些规定性的真理。因此，概念虽说是抽象的，但它却是具体的，甚至是完全具体的东西，是主体本身。绝对具体的东西就是精神。"[3] 可见，具体概念就是有规定性的概念。那么，什么是概念的规定性呢？黑格尔说："但谈到普遍的东西，就不能不谈到规定性，规定性更确切地说，即特殊和个别；因为普遍的东西在其绝对否定性中自在自为地包含着规定性；所以假如在普遍的东西那里谈到规定性，那并不是从外面加进去的。……因此，普遍的东西是概念的总体，它是具体的东西，不是空洞的东西，倒是由于它的概念而有内容，——不仅它在这一内容中保持着自己，而且这一内容对它说来，也是固有的和内在的。"[4] 从这段话看，概念的规定性就是特殊和个别；概念

---

① 黑格尔：《小逻辑》，贺麟译，商务印书馆 1980 年版，第 128 页。
② 黑格尔：《小逻辑》，贺麟译，商务印书馆 1980 年版，第 208 页。
③ 黑格尔：《小逻辑》，贺麟译，商务印书馆 1980 年版，第 335 页。
④ 黑格尔：《逻辑学》（下），杨一之译，商务印书馆 1976 年版，第 270 页。

的规定性不是外面加进去的,而是在否定性中自在自为地包含着的。换句话说,概念的规定性就是主体自己通过辩证的否定展现出来的。"但概念正在于它既可以把自己的各个环节展示出来,并把自身分解为各个不同的东西,又可以使这些如此显得独立的阶段回到它们的统一性和观念性,回到概念本身,这样概念事实上才使自身成为具体概念,成为理念和真理。"①

可见,概念之所以能具体化,关键在于实体即主体,一切具体内容是主体自己实现出来的。主体就是把实体潜在的性能发挥出来。"一切知识、学问、科学甚至于行为,除了把内在的潜在的性能加以发挥,并使它客观化其自身以外,就没有别的目的了。"②

具体概念的思想、具体性,是黑格尔哲学的一个特色。但我并没有把它列为第四章第一节要讲的黑格尔哲学的主要特征之一,因为它从属于现实性特征,是现实性特征的内容表现;现实性特征比它更为根本,现实性的高度伴随着思维与存在同一的高度而来,现实性是思维与存在同一的目的和结果的体现。辩证法、实体、主体,都是前人已有的概念,黑格尔或者把它们的意义推进了,或者赋予新的意义,但具体概念的思想,是黑格尔哲学的创新点。仅仅从辩证法角度,还看不出黑格尔的思辨概念与知性概念的重要区别,因为辩证法也是用知性概念来表述的,辩证法是建立在知性概念的基础上的。而具体概念的思想,则显示出黑格尔的思辨概念与知性概念在含义上的重要区别。在知性思维看来,概念是抽象的东西,是对经验的个别的东西的抽象或概括,所以,概念不是具体,具体不是概念;说具体概念,就如说方的圆一样矛盾。但是知性思维也可以和辩证思维相结合,认为概念从个别中抽象出来,所以个别包含

① 黑格尔:《自然哲学》,梁志学等译,商务印书馆1980年版,第36页。
② 黑格尔:《哲学史讲演录》(第一卷),贺麟、王太庆译,商务印书馆1959年版,第27页。

一般，一般寓于个别之中，既承认一般与个别的对立，又看到它们的统一，这就是用知性思维和辩证思维共同地看问题。黑格尔的具体概念是概念辩证运动的结果，概念的普遍性是先天的，不是从经验事物中概括出来的；概念的辩证运动是自身建立他物又从他物返回自身的过程，通过这样的过程，概念成为有内容的具体概念。概念的内容不是经验事物，是概念本身潜在性质的发挥。在黑格尔看来，具体内容不仅不与概念矛盾，恰恰相反，只有具体内容的概念才是精神。

　　黑格尔反对抽象、重视具体的思想被马克思主义吸收。但黑格尔是在观念论（客观唯心论）中谈具体概念的，为了达到普遍与个别（特殊）的统一，所以强调具体的普遍，即具体概念。而马克思主义是在现实中谈具体概念。现实中，知性思维是人类正常固有思维方式，在知性思维中根本就不存在具体概念，能举出一个具体概念的例子吗？现实中的概念，特别是科学地抽象（概括）出来的概念，本来就是从个别经验事物中抽象（概括）出来的，并没有割断与个别事物的关系，因此没有必要再强调什么具体概念。因此，在现实中强调具体概念，实际上是走向具体、抛弃概念，导致轻视知性理论，强调实践。孙中山主张知难行易是有道理的，因为理论来源于实践但高于实践。王阳明、毛泽东主张知行合一。马克思、列宁主张实践高于理论，明显受了黑格尔思想的影响，而黑格尔是受了康德思想的影响（黑格尔重视具体和实践的思想的最早源头是亚里士多德哲学）。康德最早明确提出实践高于理论，但他是在既没有建立本体论又没有建立认识论，感到人类（无能）活得没有尊严（自由）的情况下遁入道德（实践）领域才提出的。

　　（四）实体即主体使实体获得自由

　　自由和辩证法一样，不是实体性的概念。一般来说，辩证法适用于整个世界，而自由只适用于人类；辩证法是世界运动的法则，自由是人行为（行动）的样式（方式）。人是实体范畴，行为是描述人（实体）的依存范畴，自由是描述行为这个依存范畴的范畴。换言之，没有行为就谈不上自由，没有人就谈不上行为。所以，自由总是人的行为的自由，离开人的行为就谈不上是否自由。观念上的什么都可以想、什么都可以不想的自由，是形式上的自由，不是真实的自由，真实的自由一定要见之于行为上，体现于时空中。有人把自由当作一个实体范畴来谈论，甚至把它看作哲学的主要范畴，乃至本体范畴，这是不对的。例如，康德把自由与上帝并列，看作哲学的主要范畴或本体范畴。他说："纯粹理性本身的这些不可回避的课题就是上帝、自由和不朽。但其目的连同其一切装备本来就只是为了解决这些问题的那门科学，就叫作形而上学，……"①因此有这样一个流行说法：自由是康德哲学的拱顶石。甚至有人说自由是黑格尔哲学的核心问题（范畴），我认为这是对黑格尔哲学的误解。黑格尔哲学是以实体（精神）为本体，以达到真理、绝对精神、上帝为目标的；自由是伴随着主体运动而来的概念，是个次要概念。

　　自由是什么？简言之，自由就是由自，就是由自己做主。意志就是自己做主的意愿，所以是自由的，意志与自由往往并称，互为条件。道德、法律是意志的体现，所以是自由的体现；自由与道德、法律也是互为条件的。必然是客观规律，本身无所谓自由，因为自由是和人（主体）的行为相关的意志。当必然外在于人的意志时，它是人的自由的障碍；当必然内在于人的意志时，它是人的自由的利器。所以，人要获得自由，就要把必然（法则、规则）由外在变为内在的，由被动服从变为主动（意志）利用（行为），人们常说自由是对必然的认识（源自斯宾诺莎）和运用就是这个道理。

　　黑格尔对自由有较多散论，特别是在他的《法哲学原理》中。

---

　　① 康德：《康德三大批判合集》（上），邓晓芒译，杨祖陶校，人民出版社 2009 年版，B7。

经梳理，以下三句话大致代表他对自由的主要观点：

> 可以说，自由是意志的根本规定，正如重量是物体的根本规定一样。①
>
> 自由本质上是具体的，它永远自己决定自己，因此同时又是必然的。②
>
> 在主体中自由才能得到实现，因为主体是自由的实现的真实材料。③

在黑格尔哲学中，实体自己运动，自己决定自己，所以是自由的；实体之所以能自己运动，因为它是主体，主体的运动就是精神的意志的实现。所以说，实体即主体使实体获得自由。实体从最抽象的存在到绝对精神的漫长过程，就是其自由不断得到实现的过程。

---

① 黑格尔：《法哲学原理》，范扬、张企泰译，商务印书馆 1961 年版，第 11 页。
② 黑格尔：《小逻辑》，贺麟译，商务印书馆 1980 年版，第 105 页。
③ 黑格尔：《法哲学原理》，范扬、张企泰译，商务印书馆 1961 年版，第 111 页。

第三章
黑格尔哲学的思维与存在同一原则

第一节　思维与存在同一是黑格尔哲学的一个原则

　　"思维与存在同一"，在国内学术界，还有"思维与存在统一""思维与存在的同一性""思维与存在的统一性"等称法。各种称法在具体语境中含义有细微差别，但大致都是在哲学基本问题的层面上被使用。我在本书中一律用"思维与存在同一"的称法。"思维与存在同一"是哲学基本问题，甚至是哲学最高问题或它的一个方面，这在国内哲学界曾大致取得共识。20世纪下半叶，"思维与存在同一"曾经是国内哲学社会科学界讨论的一个热点问题[①]。讨论主要是围绕如何理解"思维与存在同一"，它是一个唯心论命题还是一个唯物论命题，还是兼而有之，主要是本体论层面的讨论。但"思维与存在同一"之所以成为当时讨论的热点，除了问题本身的重要性之外，无不与恩格斯对哲学党性的划分并由此提出"思维与存在同一"问题有关。恩格斯关于这个问题的论述，对后来的哲学研究（主要在社会主义国家）产生重大影响。他说："全部哲学，特别是近代哲学的重大的基本问题，是思维和存在的关系问题。"[②]接下来又说：

[①]　参见张慧泽：《关于"思维与存在同一性"问题的讨论》,《聊城师范学院学报》（哲学社会科学版）2001年第2期。

[②]《马克思恩格斯选集》第四卷，人民出版社2012年版，第229页。

哲学家依照他们如何回答这个问题而分成两大阵营。凡是断定精神对自然界说来是本原的，从而归根到底承认某种创世说的人（……），组成唯心主义阵营。凡是认为自然界是本原的，则属于唯心主义的各种学派。

除此之外，唯心主义和唯物主义这两个用语本来没有任何别的意思，它们在这里也不是在别的意义上使用的。下面我们可以看到，如果给他们加上别的意义，就会造成怎样的混乱。

但是，思维和存在的关系问题还有另一个方面：我们关于我们周围世界的思想对这个世界本身的关系怎样的？我们的思维能不能认识现实世界？我们能不能在我们关于现实世界的表象和概念中正确地反映现实？用哲学的语言来说，这个问题叫作思维和存在的同一性问题，绝大多数哲学家对这个问题都作了肯定的回答。①

恩格斯在这里对近代哲学的基本问题做了一个总结。恩格斯总结范围更广，把黑格尔哲学和费尔巴哈哲学都包括进去了。其实，黑格尔已经注意到"思维与存在"及"思维与存在的对立统一"是哲学特别是近代哲学的基本问题，只是没有就此做过比较专门或集中的论述，但这样的观点散见于各处。恩格斯提出"思维与存在同一"是从认识论层面来说的。黑格尔的"思维与存在同一"主要是本体论意义上的，但也是认识论意义上的；在黑格尔哲学中，本体论和认识论是一致的。单独就"思维"与"存在"的概念来看，它们各自在黑格尔哲学中有多重意义。"思维"有时泛指一切思维，有时指主观思维，有时指客观思维；"存在"有时泛指一切存在，有时

---

①《马克思恩格斯选集》第四卷，人民出版社 2012 年版，第 231 页。

指自然界的存在，有时指逻辑学中的第一个最贫乏的范畴。但不论"思维"与"存在"在黑格尔哲学的具体语境中指什么，基本上都适用"思维与存在同一"。

在我看来，哲学基本问题意义上的思维与存在同一，等同于意识与物质同一，首先是一个认识论问题（命题）。思维、意识是认识的结果，没有认识活动，就不会产生思维、意识。当产生思维后，由于思维的内容与存在的内容同一（要不然思维是毫无意义的），就容易被误以为思维就是存在本身，赋予思维以本体（实体）的地位；而且，思维具有创造的能动性，根据思维能创造出世界上本来没有的东西，例如根据原理造出机器、根据蓝图造出建筑物，这就容易使人误以为先有思维，然后有存在，存在是思维的产物。这样，本来不过是认识的结果的思维，便取得本体（实体），甚至第一性的本体的意义。从而，思维与存在同一，也是一个本体论问题。我前面阐述过，存在（事物的世界）是运动的，思维（意识的世界）通常是知性的（静态的）。人们只能通过静态方法去认识动态事物；辩证方法也是建立在静态方法的基础上的，只能起到弥补静态方法的缺陷的作用，而不能完全消除静态方法的缺陷。因此，思维与存在同一，在认识论意义上，只能是不断接近的同一，而不可能有绝对的同一。唯物论认为世界统一于物质；意识（思维）是物质在人脑中的映现和派生，不具有本体意义。所以，唯物论在本体论上没有也不承认思维与存在同一这个命题，只承认认识论意义上的思维与存在同一。这就不难理解，为什么恩格斯把思维与存在同一只归结为一个认识论的问题。黑格尔的观念论，由于承认思维的本体地位，但为了解释思维与现实世界的关系，所以主张本体论意义上的思维与存在同一，当然也承认认识论意义上的思维与存在同一。

下面，从散见各处的原文中，看黑格尔是怎么论述思维与存在的同一的。

"我们在这里应当考察近代哲学的具体形式，即自为思维的出现。这种思维的出现，主要是随同着人们对自在存在的反思，是一种主观的东西，因此它一般地与存在有一种对立。所以全部兴趣仅仅在于和解这一对立，把握住最高的和解，也就是说，把握住最抽象的两极之间的和解。这种最高的分裂，就是思维与存在的对立，一种最抽象的对立；要掌握的就是思维与存在的和解。从这时起，一切哲学都对这个统一发生兴趣。"①这里的"自为思维"就是主体意识。黑格尔从哲学史的角度，说明到近代主体意识出现之后，才有思维与存在的对立，这一对立的和解（同一）此后便是一切哲学的兴趣。

"因此，近代哲学的原则并不是淳朴的思维，而是面对着思维与自然的对立。精神与自然、思维与存在，乃是理念的两个无限的方面。当我们把这两个方面抽象地、总括地分别把握住的时候，理念才能真正出现。柏拉图把理念了解为联系、界限和无限者，了解为一和多，了解为单纯者和殊异者，却没有把它了解成思维和存在。近代哲学并不是淳朴的，也就是说，它意识到了思维与存在的对立。必须通过思维去克服这一对立，这就意味着把握住统一。"②这里"淳朴的思维"是对象意识，是古希腊哲学的思维，所以柏拉图只看到一和多、单纯者和殊异者（一般与个别），还没有认识到思维与存在。随着自我意识（主体意识）的觉醒，近代哲学才意识到了思维与存在的对立，克服这一对立就意味着把握着统一，而且黑格尔把它上升到近代哲学的原则的高度。

"……中世纪的神学比近代的神学高得多。天主教徒决没有野蛮到竟会说永恒的真理是不能认知的，是不应该加以哲学的理解

---

① 黑格尔：《哲学史讲演录》（第四卷），贺麟、王太庆译，商务印书馆 1978 年版，第 6 页。
② 黑格尔：《哲学史讲演录》（第四卷），贺麟、王太庆译，商务印书馆 1978 年版，第 7 页。

的。——这一点在安瑟尔谟这里是很突出的；另外一点是，他认识到了思维与存在这一最高的对立的统一。"①这里明确说到，思维与存在是最高的对立统一。这里倒不是说，中世纪哲学就出现了思维与存在问题，而是称赞安瑟尔谟的上帝的本体论证明，即从上帝的观念推出上帝的存在，认为这个证明认识到了思维与存在的对立。只能说这个证明暗含着思维与存在的同一，或者说不自觉地运用了思维与存在同一；实际上，中世纪哲学还陷入在一般与个别问题的争论中，还谈不上在哲学基本问题高度上自觉认识到思维与存在同一。黑格尔的另一句话可以说明这点，"所以在笛卡儿，马勒伯朗士、斯宾诺莎的哲学中就回到了思维和存在、精神和物质的这样一个统一并将这个统一设置在神中。"② 近代哲学的主体性在笛卡尔那里才觉醒，此后思维与存在的问题才突显出来。引文中"回到"二字，不是说以前曾经出现过思维与存在问题，而是思维与存在问题作为哲学的基本问题，一直就潜伏在以前的哲学里。

　　"哲学到现在为止达到的观点就在于：认识到理念在它的必然性里，认识到理念分裂出来的两个方面，自然和精神，每一方面都表现理念的全体，不仅本身是同一的，而且从自身内产生出这唯一的同一性，并从而认识到这个同一性是必然的。哲学的最后的目的和兴趣就在于使思想、概念与现实得到和解。"③这里，自然和精神都是理念分裂出来的两个现实的环节，每个环节都表现理念全体，都是自身同一的。思想、概念（理念）与现实得到和解，即思维与存在同一，被黑格尔认为是哲学最后的目的和兴趣，这不过是哲学的

---

① 黑格尔：《哲学史讲演录》（第三卷），贺麟、王太庆译，商务印书馆 1959 年版，第 296 页。
② 黑格尔：《哲学全书·第三部分·精神哲学》，杨祖陶译，人民出版社 2006 年版，第 44 页。
③ 黑格尔：《哲学史讲演录》（第四卷），贺麟、王太庆译，商务印书馆 1978 年版，第 372 页。

最高问题的通俗说法。

　　黑格尔认为，既然思维与存在同一是哲学的基本问题，而哲学真理具有普遍性，那么我们的行动也就一直在遵循着思维与存在同一。他说："虽然那些不懂得哲学的人，在听到思维是存在这个命题时，就大吃一惊。然而我们的一切行动都是以思维和存在的统一的预设为根据的。"①

　　因此，把思维与存在同一视为黑格尔哲学的一个原则是有充分依据的，尽管黑格尔没有明确这么说过。

第二节　如何理解黑格尔哲学的思维与存在同一

　　黑格尔在第二次修订《哲学科学全书纲要》时，在逻辑学部分特别增加了一个较长的引论，专门论述思想对客观性的三种态度，而且增加的这部分内容是《逻辑学》中所没有的，可见这部分内容之重要。这一部分内容之所以重要，是因为思维与存在同一问题的重要。这里的思想对客观性，就是思维对存在；思想对客观性的三种态度，就是黑格尔对他以前的各种哲学在思维对存在的关系问题上的观点的总结。他以前的各种哲学是指近代以来的哲学，因为近代以来的哲学才自觉意识到思维与存在的关系问题并围绕这个问题展开。这三种态度分别是：形而上学；经验主义、批判哲学；直接知识或直观知识。黑格尔认为它们都在力图克服思维与存在的对立，达到思维与存在的同一，但都失败了。黑格尔的总结，就是要指出它们达不到思维与存在同一的理论上的缺陷，从而表明自己的哲学就是要克服它们的缺陷，是一种能够达到思维与存在同一的

---

　　① 黑格尔:《哲学全书·第三部分·精神哲学》，杨祖陶译，人民出版社 2006 年版，第 292页。

新的哲学。依照黑格尔的意思，下面简单阐述一下这三种态度及
其缺陷。

第一种态度：形而上学。这里的形而上学也就是黑格尔在别处
所说的旧形而上学，主要指笛卡尔等理智派（唯理论）哲学家的哲
学。哪些人的哲学归入形而上学，黑格尔是以他的观念论作为划分
标准的；黑格尔认为每一种哲学本质上都是观念论，或至少以观念
论为原则，问题只是这种原则真的贯彻了多少而已①。这样，那些贯
彻观念论较多的哲学就归入形而上学；而康德哲学，一则偏重经验
论，再则在一定程度上重新恢复了辩证法，故不属于（旧）形而上
学；经验论、直观知识贯彻观念论原则较少，故没有被归入形而上
学。形而上学的缺陷主要是老停滞在有限的思维规定（理智思维）
里，无法过渡到对立面，从而达到对立面的统一。因此形而上学是
独断论，遵循同一律或（不）矛盾律，肯定对立的一面为真，则对
立的另一面必为假。

第二种态度：经验主义、批判哲学。这里的经验主义是狭义的
经验主义，指近代以来培根（F. Bacon）开创的经验论哲学（但洛克
哲学被黑格尔归入形而上学②）。广义的经验主义包括直观主义、信
仰主义③。经验主义的缺陷，是以知觉为把握当前事实的形式。因为
知觉作为知觉，总是个别的，总是转瞬即逝的。换言之，经验主义
所处理的是有限材料，而形而上学所探讨的是无限的对象④。批判哲
学指康德哲学。批判哲学的主要缺陷，一是与经验主义相同，把经
验当作知识的唯一基础⑤；二是范畴的先天性还不彻底，仍然只是被

---

① 参见黑格尔：《逻辑学》（上），杨一之译，商务印书馆1966年，第156页。
② 参见黑格尔：《哲学史讲演录》（第四卷），贺麟、王太庆译，商务印书馆1978年版，第61页。
③ 参见黑格尔：《小逻辑》，贺麟译，商务印书馆1980年版，第46页。
④ 参见黑格尔：《小逻辑》，贺麟译，商务印书馆1980年版，第113-114页。
⑤ 参见黑格尔：《小逻辑》，贺麟译，商务印书馆1980年版，第116页。

认作主观的活动①。

第三种态度：直接知识或直观知识。直接知识主要指耶柯比（F. H. Jacobi）哲学。直接知识的缺陷，一是直接知识仍是经过中介的间接知识（既然是间接知识，就避免不了经验、有限范畴的缺陷，就不能把握无限的东西）；二是直接性的形式是片面的、有限的，直接性使共相成为没有规定性的抽象②。

既然以上思想对客观性的三种态度都存在缺陷，不能达到思维与存在的同一，那么黑格尔哲学是如何实现思维与存在同一的呢？简言之，贯彻前面提到过的两个原则——观念论原则、实体即主体原则，就能实现第三个原则——思维与存在同一原则。黑格尔哲学的这三个原则是内在一致的。在黑格尔看来，在哲学上要实现思维与存在同一，就要将观念论贯彻到底；只有把观念（概念、思想）完全建立在先天的基础上，观念论才有贯彻到底的可能。所以，黑格尔的观念（概念），是具有客观性、普遍性的精神。但是，观念论只是实现思维与存在同一的本体论基础，只是为实现思维与存在同一提供了可能，要使这种可能变为现实，关键就在于把实体理解和表述为主体，使实体（精神）自己运动起来。而过去的一切哲学，都没有真正贯彻这两个原则，并把它们内在地结合起来。通过贯彻这两个原则，一切的外在的对立都变为内在的对立，即都是实体（精神）自己运动中建立起来的中介，那么，克服对立返回自身同一，就再也不是什么实现不了的事了。如此，思维与存在同一本质上是精神自身的同一，是精神与精神的产物同一，是精神与精神同一。下面结合一些相关原文，来具体理解黑格尔哲学的思维与存在同一。

---

① 参见黑格尔：《小逻辑》，贺麟译，商务印书馆 1980 年版，第 117 页。
② 参见黑格尔：《小逻辑》，贺麟译，商务印书馆 1980 年版，第 160-168 页。

只有思维与存在的统一才是哲学的起点。[①]

对于科学说来，重要的东西倒并不很在乎有一个纯粹的直接物作开端，而在乎科学的整体本身是一个圆圈，在这个圆圈中，最初的也将是最后的东西，最后的也将是最初的东西。[②]

这两句话的意思是说，思维与存在同一，贯穿着整个哲学过程，既是起点，也是过程，也是终点。黑格尔哲学是彻底的一元论，彻底一元论的特点是自圆其说（始终自身同一），黑格尔将它比喻为一个圆圈。日常生活中，橡子—橡树—橡子，蛋—鸡—蛋，这都是自身同一、既是起点又是终点的例子，是一个圆圈。但它不是平面几何上的圆圈，而是一个历程中的圆圈。如果哲学有起点，这个起点要么是如上帝一般神秘的东西，要么是圆圈内无穷递推找不着的起点。存在，是黑格尔哲学的第一个范畴，也是最贫乏的范畴。"因为就内容而论，思想中再也没有比存在这个范畴更无足轻重的了。只有人们最初当作存在的东西，如外界感性存在，我面前的一张纸的存在，也许还比存在更无足轻重。但关于有限的变灭事物的感性存在，谁也不愿无条件地说它存在。"[③]正因为存在是最贫乏的范畴，所以是外延最广的范畴，适合作为本体（起始）范畴；存在后面发展出来的一系列范畴，无不涵盖在存在范畴之内。黑格尔哲学的最后范畴是绝对精神，绝对精神因为绝对，所以除了仍是存在之外什么也不是，所以哲学就由终点又回到存在这个起点。但实际上，由起点到终点经过了漫长的历程，所以终点又不是单纯地回到起点；

---

① 黑格尔：《哲学史讲演录》（第三卷），贺麟、王太庆译，商务印书馆1959年版，第295页。

② 黑格尔：《逻辑学》（上），杨一之译，商务印书馆1966年版，第156页。

③ 黑格尔：《小逻辑》，贺麟译，商务印书馆1980年版，第141页。

如果说起点是最抽象的存在，那么终点（绝对精神）就是最具体的存在，它包含了全部历程的内容。

> ——必须指出：所谓概念、真正的证明并不是通过抽象理智的方式而进展，而是即从思维自身的本性指出单独就思维本身而论，它就会否定它自己，而存在的规定即包含在它里面，或者说，思维自身注定了要过渡到存在。反过来说，同样可以指出，存在自身即包含它自己的辩证法，自己扬弃自己，进而建立自身作为共相、作为思想。[①]

这段话是说，思维过渡到存在、存在过渡到思维，都不是通过理智的方式进展的，而是它们本身辩证运动的结果。黑格尔认为，以理智的方式，宾词是以"是"为连接词表述实体的，宾词是外加给实体的；宾词的内容是有限的，而实体的内容是无限的，故宾词与实体的对立不能得到和解（同一）。而以辩证的方式，实体作为主体自己否定自己，过渡到他物又否定他物返回自身，规定性是自己发展出来的；这样的辩证否定是不断进行的，因此实体展现的规定性是无限的，而无限的规定性就正好是实体自身的证明。这里关键在于，否定性是思维（主体）的本性，主体的能动性的实质是否定性。在黑格尔逻辑学第三篇概念论中，主观概念—客体—理念的发展，是否定思维到存在、否定存在到思维的典型例子；黑格尔整个哲学的演进过程，逻辑学—自然哲学—精神哲学，也是依照这一辩证思路来的。

> 因为理念（a）是一过程，所以通常用来表述绝对的一

---

① 黑格尔:《哲学史讲演录》（第三卷），贺麟、王太庆译，商务印书馆 1959 年版，第 294 页。

些说法：谓绝对为有限与无限的统一，为思维与存在的统一等等都是错误的。因为这种统一仅表示一种抽象的、静止的、固定的同一性。因为理念（b）是主观性，从另一方面看来，上面那个说法也同样是错误的。因为刚才所提及的统一，仅表达真正的统一性的自在性、实体性。按照这种看法，无限与有限、主观与客观、思维与存在，好像只是中和了似的。但是在理念的否定的统一里，无限统摄了有限，思维统摄了存在，主观性统摄了客观性。①

这段话有两个意思。其一，思维与存在（有限与无限）同一是过程。如果不了解这点，把同一看成抽象的、静止的、固定的同一，思维与存在同一这样的表述就是错误的。这是对正确理解思维与存在同一而言的。但因论述的需要和为了论述的方便，思维与存在同一这样的表述是不可避免的，也不是错误的，本书这样表述，黑格尔也常这样使用。思维与存在同一是贯穿整个哲学演进过程的，所以是一个哲学原则，而不是在哲学演进的终点才实现思维与存在同一。在哲学的起点，思维与存在同一是抽象的、潜在的；在哲学的终点，思维与存在同一是最具体的、最现实的；在哲学的演进过程中，思维与存在同一是不断从一个具体推向另一个更具体的具体。其二，正确理解思维与存在同一，不要仅仅看到它形式上的自在性、实体性，好像是两者中和了似的，而要看到它内容上的自为性、主体性，即思维始终统摄存在。思维与存在同一，既不是中和的同一，也不是同一到存在，而是同一到思维，本质上是思维自身的同一，这与贯彻观念论的一元论是一致的。

对于同一的真正意义加以正确的了解，乃是异常重要

---

① 黑格尔：《小逻辑》，贺麟译，商务印书馆 1980 年版，第 403 页。

之事。为达到这一目的，我们首先必须特别注意，不要把同一单纯认作抽象的同一，认作排斥一切差别的同一。这是使得一切坏的哲学有别于那唯一值得称为哲学的哲学的关键。真正的同一，作为直接存在的理想性，无论对于我们的宗教意识，还是对于一切别的一般思想和意识，是一个很高的范畴。我们可以说，对于上帝的真正知识开始于我们知道他是同———是绝对的同一的时候。……如果思维活动只不过是一种抽象的同一，那么我们就不能不宣称思维是一种最无益最无聊的工作。概念以及理念，诚然和它们自身是同一的，但是，它们之所以同一，只由于它们同时包含有差别在自身内。①

这段话强调对同一的真正意义加以正确了解是非常重要的事。一方面，同一是个很高的范畴，正因为有同一，实体是它自身，正因为实体始终自身同一，所以实体是思想（只有观念的东西才是永恒的从而自身同一的）。另一方面，同一不是抽象的统一，而是有差别（对立）在自身内的同一，是有内容的、具体的同一。真正的同一之所以能保持同一，是因为有内容的支撑；抽象的同一也是永恒的同一，但不是真正的、现实的同一。绝对精神之所以绝对，是因为它既永恒地自身同一又包含一切内容。

一般说来，由于像上面说过的那样，实体本身就是主体，所以一切内容都是它自己对自己的反思。一个实际存在物的持续存在或者说，实际存在物的实体，乃是一种自身同一性；因为如果它与自身不同一，它就会陷于瓦解。

① 黑格尔：《小逻辑》，贺麟译，商务印书馆1980年版，第249-250页。

不过自身同一就是纯粹的抽象，而纯粹的抽象就是思维。当我说质的时候，我是在说单纯的规定性；一个实际存在所以与另一个不同，或它所以成为一个实际存在，就在于有质。实际存在为它自己而存在着，换句话说，它存在着乃是由于它跟它自身有这种单纯性。但是，这样一来，实际存在从本质上说就是思想了。——在这里人们已经理解到存在即是思维了；在这里也已透露出一种总与通常关于思维与存在的同一的那种无概念的说法互相分歧的洞见。①

这段话主要有两个意思。其一，实体既然是主体，那么实体的内容来自自己的反思，故实体能保持自身同一；实体如果不能保持自身同一，它就会瓦解，自身不存在。其二，自身同一是纯粹抽象，因而是思想，宛如质是事物自身同一的东西，因而质是抽象的东西，是思想；实际存在之所以存在在于其质，而质是思想，故实际存在从本质上说是思想。这是黑格尔论证其观念论的惯用手法，把人们要用概念（观念）形式来认识（把握）一般的事物（质），说成一般的事物（质）就是概念（思想），这是属于诡辩或逻辑错误。

综上所述，理解黑格尔哲学的思维与存在同一，主要把握好四点：

其一，思维与存在同一，不是中和，不是同一到存在，而是同一到思维。它主要是本体论意义上的同一，但同时也是认识论意义上的同一。

其二，思维与存在同一不是抽象的、固定的同一，而是具体的、过程的同一，是包含自身差别的同一；真正的同一之所以能保持同一，是因为同一有内容的支撑，这个内容就是它自身建立的差别及

---

① 黑格尔:《精神现象学》(上)，贺麟、王玖兴译，商务印书馆 1979 年第 2 版，第 36-37 页。

其相互过渡。

其三，虽然差别（对立）与同一都是思维与存在的关系的不可或缺的两个方面，但两个方面逻辑上有主次之分，不是差别—同一——差别，而是同一——差别—同一。换言之，只有在同一的前提下才有差别，差别是实现同一目的的手段，因为只有保持自身同一才有差别的前提和基础，或者说有差别是为了保持自身同一。所以，思维与存在的差别不是普遍原则，而思维与存在的同一才是普遍原则，或严格地说，思维与存在的差别同一才是普遍原则，后者是前者的简称。

其四，思维与存在差别同一，是黑格尔哲学，也是近代哲学的最高问题（基本问题），其他一般与个别、主观与客观、有限与无限等的关系问题均从属、服从于思维与存在的关系问题。

第四章
以三个原则解读黑格尔哲学

黑格尔哲学的三个原则是内在有机统一的，也就是说，实际上三个原则是分不开的，它们相互制约，共同起作用。只是为论述方便，我才将三个原则分开讲。从逻辑上看，观念论原则是首要原则，因为它是本体论意义上的原则，如果没有这个基石，其他一切无从谈起；实体即主体原则是关键原则，如果没有这个原则，黑格尔哲学即便打下了基石，也建立不起来，这个原则的实施和贯彻保证了其他原则的有效贯彻；思维与存在同一原则是核心原则，它是前两个原则的内在综合，是一切问题的总根源。按照这个逻辑关系，将三者放在一起论述时，它们的先后次序是不可错位的。

把握好这三个原则，有助于我们理解黑格尔哲学，至少不会在理解上出现大的偏差，否则，心目中没有任何原则做引导，则有可能会产生理解困难，甚至如堕五里雾，不知所云。本章就试图在三个原则的指引下，依次解读黑格尔哲学的三个重要方面，它们是：黑格尔哲学的主要特征、黑格尔哲学的辩证法、黑格尔哲学的真理观。

第一节　黑格尔哲学的主要特征

分别从三个原则来看，黑格尔哲学依次有三个主要特征。三个原则不是孤立起作用的，而是共同起作用的。但它们既然已分别被论述，也就不妨分别地主要依据每一个原则来看黑格尔哲学的主要特征。主要从观念论原则看，黑格尔哲学具有彻底客观唯心论体系特征；主要从实体即主体原则看，黑格尔哲学具有内在性特征；主要从思维与存在同一原则看，黑格尔哲学具有现实性特征。本文之所以将黑格尔哲学的主要特征概括为这三个，正是分别主要依据上述的三个原则而来的。下面依次对黑格尔哲学的三个主要特征进行论述。

一、彻底客观唯心论体系特征

（一）哲学是体系

黑格尔明确地说："哲学若没有体系，就不能成为科学。没有体系的哲学理论，只能表示个人主观的特殊心情，它的内容必定是带偶然性的。哲学的内容，只有作为全体中的有机环节，才能得到正确的证明，否则便只能是无根据的假设或个人主观的确信而已。许多哲学著作大都不外是这种表示著者个人的意见与情绪的一些方式。所谓体系常被错误地理解为狭隘的，排斥别的不同原则的哲学。与此相反，真正的哲学是以包括一切特殊原则于自身之内为原则。"①

黑格尔认为，真正的哲学是体系；没有体系的哲学，只能表示个人主观心情，其内容是偶然的。哲学成为体系，才是内在的、有机的、必然的，从而得到明证的。体系哲学不是狭隘哲学，大体系中包含小体系，不同原则的哲学是大体系哲学的环节。

因为，理念的展开就是体系，关于理念的科学本质上是一个体系；真理就其展开的过程而言是具体，就其展开的整个体系而言是

① 黑格尔：《小逻辑》，贺麟译，商务印书馆1980年版，第56页，导言。

全体。"真正的自由的思想本身就是具体的，而且就是理念；并且就思想的全部普遍性而言，它就是理念或绝对。关于理念或绝对的科学，本质上应是一个体系，因为真理作为具体的，它必定是在自身中展开其自身，而且必定是联系在一起和保持在一起的统一体，换言之，真理就是全体。全体的自由性，与各个环节的必然性，只有通过对各环节加以区别和规定才有可能。"①

而且，"知识只有作为科学或体系才是现实的，才可以被陈述出来；……"②因此，"说真理只作为体系才是现实的，或者说实体在本质上即是主体，这乃是绝对即精神这句话所要表达的观念"③。黑格尔这里所谓现实的就是实现出来的；体系的展开、形成过程，就是体系的实现过程。

黑格尔关于哲学是体系的观点是有道理的。不仅哲学，凡是真正意义上的科学，莫不是体系或以体系的形式出现。概念、原理、科学，如果还没展开，就还仅仅是抽象的东西，还不是真正的概念、原理、科学。科学只有作为体系，才能得到内在的、必然的说明，才能得出规律性的东西；而寻求规律正是科学、真理的使命。体系并不意味着封闭、僵化，体系与外围、体系之间是有联系的，体系自身也是开放的、发展的。当前，哲学社会科学的研究有非体系化倾向，这对克服僵化体系的弊端有一定意义。但如果因此否定体系、抛弃体系，是不对的，它会使研究走向空疏外在、流于形式。建立体系是一项艰难的事业，既需要长期的基础积累，也需要较高的思维能力。

---

① 黑格尔：《小逻辑》，贺麟译，商务印书馆 1980 年版，第 55-56 页，导言。
② 黑格尔：《精神现象学》（上），贺麟、王玖兴译，商务印书馆 1979 年第 2 版，第 14 页。
③ 黑格尔：《精神现象学》（上），贺麟、王玖兴译，商务印书馆 1979 年第 2 版，第 15 页。

（二）彻底客观唯心论体系是黑格尔哲学的首要特征

哲学史上，唯心论是哲学的主流或强势的基本派系，客观唯心论又比主观唯心论阵容更强大。柏拉图、莱布尼茨都建立了一个客观唯心论体系，但都不彻底，唯有黑格尔建立了一个彻底的客观唯心论体系。所以说，彻底客观唯心论体系是黑格尔哲学的首要特征，黑格尔哲学因之区别于其他任何人的哲学。黑格尔的彻底客观唯心论是彻底的一元论，这个元就是概念、理念、精神等，它们是同一个东西在不同阶段的呈现形式，都是指普遍的思想。一元论，无论在本体论、认识论上，还是在理论、实践上，在各个层面、各个领域都是自洽的，一切在自身内得到说明和解决，内在性、自身同一性是一元论的第一要义。因此，黑格尔常把他的哲学比作圆圈。为了更好地理解黑格尔这个比喻，这里不妨引用他的一些原话：

> 对于科学说来，重要的东西倒并不很在乎有一个纯粹的直接物作开端，而在乎科学的整体本身是一个圆圈，在这个圆圈中，最初的也将是最后的东西，最后的也将是最初的东西。①
>
> 不过哲学是由于思维的自由活动，而建立其自身于这样的观点上，即哲学是独立自为的，因而自己创造自己的对象，自己提供自己的对象。而且哲学开端所采取的直接的观点，必须在哲学体系发挥的过程里，转变成为终点，亦即成为最后的结论。当哲学达到这个终点时，也就是哲学重新达到其起点而回到它自身之时。这样一来，哲学就俨然是一个自己返回到自己的圆圈，因而哲学便没有与别

----

① 黑格尔：《逻辑学》（上），杨一之译，商务印书馆 1966 年版，第 56 页。

的科学同样意义的起点。①

因此须认识到个别部门的科学，每一部门的内容既是存在着的对象，同样又是直接地在这内容中向着它的较高圆圈的过渡。②

哲学形成为一个圆圈：它有一个最初的、直接的东西，因为它总得有一个开端，即一个未得到证明的东西，而且也不是什么成果。但是哲学的起点只是相对地直接的，因为这个起点必然要在另一终点上作为成果显现出来。哲学是一条锁链，它并不悬在空中，也不是一个直接的开端而是一个完整的圆圈。③

这种具体的运动，乃是一系列的发展，并非像一条直线抽象地向着无穷发展，必须认作像一个圆圈那样，乃是回复到自身的发展。这个圆圈又是许多圆圈所构成；而那整体乃是许多自己回复到自己的发展过程所构成的。④

黑格尔在他的主要哲学著作中都用"圆圈"这个词来表示他的哲学是自身同一的体系。圆圈是个形象比喻，因此，怎么理解它就显得尤为重要。从以上的引文看，圆圈有以下三层意思：① 圆圈是首位相接的，终点即起点，或无所谓起点和终点，这表示哲学的自身同一。② 圆圈的形成和发展是过程，圆圈不断向着更高的圆圈过渡，这表示哲学的辩证运动。③ 大圆圈又是许多小圆圈构成，这表示哲学是大体系、全体，包含小体系、特殊原则。符合上述意思的

---

① 黑格尔：《小逻辑》，贺麟译，商务印书馆 1980 年版，第 59 页，导言。
② 黑格尔：《小逻辑》，贺麟译，商务印书馆 1980 年版，第 60 页，导言。
③ 黑格尔：《法哲学原理》，范扬、张企泰译，商务印书馆 1961 年版，第 4 页。
④ 黑格尔：《哲学史讲演录》(第一卷)，贺麟、王太庆译，商务印书馆 1959 年版，第 31-32 页。

圆圈是什么样的圆圈呢？这只能设想为，宛如一根钢丝首尾相接挨着缠圆圈，本身又绕成一个首尾相接的大圆圈；缠成的圆圈是小圆圈，绕成的圆圈是大圆圈；如果体系是无限演进的，圆圈的进展也例此无限缠绕。理解圆圈的关键在于，首尾相接处是挨着相接而不是完全对接，否则就是单纯循环而没有发展，不能向更高的圆圈过渡；如果不挨着相接，就不能自身同一，就有起点或终点，这与黑格尔哲学的一元论相悖。只有这样理解，才能既符合终点回到起点的自身同一，又能符合终点高于起点的发展。

（三）黑格尔哲学体系的结构和开端

黑格尔哲学是个体系，这点已达成共识。但黑格尔哲学体系的结构如何，却有不同的理解，学界对此有争议，至今无定论。在此我先回顾一下国内几个有代表性和影响的观点，然后阐明我对这个问题的看法。

（1）贺麟的观点。贺麟认为，黑格尔哲学体系由三环构成：第一环，为《精神现象学》；第二环，为逻辑学（包括《耶拿逻辑》《逻辑学》和《小逻辑》）；第三环，为《自然哲学》和《精神哲学》（包括《法哲学原理》《历史哲学》《美学》《宗教哲学》《哲学史讲演录》等）①。

（2）俞吾金的观点。俞吾金认为，黑格尔哲学体系的真正范围应当是：《逻辑学》《自然哲学》《精神哲学》以及从《精神哲学》中发挥并扩展出来的《法哲学原理》和一系列讲演录——《哲学史讲演录》《历史哲学讲演录》《美学讲演录》和《宗教哲学讲演录》②。

---

① 参见贺麟：《黑格尔哲学讲演集》，世纪出版集团、上海人民出版社 2011 年版，第388-390 页。

② 参见俞吾金：《略论黑格尔哲学体系的范围》，《复旦学报》1984 年第 4 期，第 18-21 页。

俞吾金的这一观点 20 多年后在他任主编之一的《西方哲学通史·德国古典哲学》中仍大致得到保留[①]。

（3）杨祖陶、陈世夫的观点。杨祖陶、陈世夫赞同贺麟对黑格尔哲学体系的结构的看法，即由精神现象学、逻辑学、应用逻辑学三环构成，认为这是贺麟对这一问题看法的创见，并为此做了详细的解释和论证[②]。

另据贺麟介绍，一般研究黑格尔哲学的资产阶级哲学史家，大都把《哲学科学全书纲要》当作黑格尔哲学的体系，即黑格尔哲学的体系由逻辑学、自然哲学和精神哲学三部分构成[③]。

以上分歧的关键，表面上看，是如何看待《精神现象学》在体系中的地位，实质上分歧源于如何解读和理解黑格尔哲学。不同的解读和理解，或解读和理解上的偏差，就会导致对体系结构的看法的分歧。

我的看法是，由于黑格尔哲学的体系有一个形成过程，这里根据一般情况，仅限于谈论黑格尔哲学成熟时期的体系结构。据此，黑格尔哲学的体系结构为三个环节：逻辑学、自然哲学、精神哲学。《精神现象学》作为著作是体系的导言，精神现象学作为内容是精神哲学的一部分。黑格尔的各种哲学著作都可依其内容分别归入三个环节中的相应的一个环节。根据黑格尔哲学的观念论原则，从《精神现象学》的内容看，其地位既在体系之外又在体系之内，但无论在体系之外还是在体系之内，它的地位不能与体系的三个环节并列。在体系之外，它的地位是体系的导言；在体系之内，它的地位是精神哲学的一部分。因为《精神现象学》是意识史，意识是始于经验、

---

① 参见俞吾金、徐英瑾等：《德国古典哲学》，人民出版社 2009 年版，第 571 页。
② 参见杨祖陶、陈世夫：《黑格尔哲学体系问题——试论贺麟先生对黑格尔哲学体系构成的创见》，《北京大学学报》（哲学社会科学版）1988 年第 4 期，第 60-69 页。
③ 参见贺麟：《黑格尔哲学讲演集》，世纪出版集团、上海人民出版社 2011 年版，第388 页。

在时空中发展的，而黑格尔的全部哲学都是在概念（客观思想）中展开的，时空中的、经验的东西都被概念统摄在应用逻辑学（自然哲学、精神哲学）两个环节中。

　　明白了黑格尔哲学体系的结构，那么黑格尔哲学的开端又在哪里呢？逻辑学是不是开端？或逻辑学的第一个概念"存在"是不是开端？前面讲到黑格尔哲学的体系被黑格尔自己比喻为圆圈时，就已经对开端问题给出答案。黑格尔哲学按照它本身的原则来说，是没有开端的。但阐述一种哲学，又不得不有一个开始，但这个开始其实并不是哲学的开端，而仅仅是为了阐述方便的开端①。

　　下面我想顺便谈谈对《精神现象学》的一些看法。

　　（1）根据黑格尔哲学的观念论原则，《精神现象学》作为著作在黑格尔的哲学体系中处于导言的地位。它是登上体系的一把梯子，而不是体系本身。由于黑格尔的哲学体系囊括了整个世界，所以《精神现象学》的内容属于整个世界的一部分，当然也可在哲学体系中找到它的位置，那就是位于精神哲学的主观精神部分。全部应用逻辑学的本体论根基都是逻辑学，主观精神是逻辑（概念）的产物；内在于主观精神的逻辑才是哲学的核心，主观精神本身不具有哲学的本体地位。

　　（2）《精神现象学》是意识史，属于经验、认识史范畴的学科，还不是观念论范畴的哲学，也没有贯彻观念论。黑格尔自己也把《精神现象学》看作经验的学科，而不是他的观念论意义上的哲学著作，他说："由于这种必然性，这条达到科学的道路本身已经就是科学了，而且就其内容来说，乃是关于意识的科学。"②如果说《精神现象学》有一些哲学意义上的内容，它们主要是见之于这篇著作序言中的一

<hr />

① 参见黑格尔：《小逻辑》，贺麟译，商务印书馆1980年版，第59页，导言。

② 黑格尔：《精神现象学》（上），贺麟、王玖兴译，商务印书馆1979年第2版，第62页。

些哲学观点，其次是散见于正文中的零星哲学观点。这篇著作的序言的作用范围超出了《精神现象学》，这篇序言可以说是黑格尔成熟的哲学体系诞生的序言或宣言。《精神现象学》包含大量非哲学意义上的内容，如人类学、心理学、文化历史等方面的内容。黑格尔为了展现意识从感性确定性到绝对知识的漫长历程，结合欧洲文化历史发展，其间充斥了大量的经验材料。如果从把握黑格尔哲学主旨的角度去读这本书，就不必太在意这些材料，因为所有材料要说明的哲学道理都已经在序言中概括了。邓晓芒在解读《精神现象学》方面持有类似看法[①]；但邓小芒仍将《精神现象学》看作黑格尔很重要的哲学著作，这点我不敢苟同。我不反对从各种角度去解读和挖掘《精神现象学》的各种意义，但我认为不可把《精神现象学》的哲学意义上的地位抬得太高。如果观念论是黑格尔哲学的首要原则是正确的，那么，如何看待《精神现象学》的哲学意义上的地位或它在黑格尔哲学体系中的地位，倒可看作是否真正懂得黑格尔哲学的判断依据之一。《精神现象学》包含大量非哲学意义上的内容，又表述得不够成熟、较为晦涩，这给人们对它进行五花八门的解读提供了可能。我认为，恰恰是那些不理解黑格尔哲学的人，把《精神现象学》的哲学意义上的地位抬得太高，或把《精神现象学》的非哲学意义上的内容说得过分具有重要的哲学意义。马克思的一句话，即"现在看一看黑格尔的体系，必须从黑格尔的《现象学》即从黑格尔哲学的真正诞生地和秘密开始"[②]，常被误读黑格尔哲学的人奉为经典解读，反过来又常使不少人误读黑格尔哲学。《精神现象学》的哲学意义上的地位不会超过仅仅是个导言，无论就它的实际内容看，还是黑格尔本人前后对它的态度看，都是如此。至于这句话的"真正

---

① 参见邓晓芒：《关于黑格尔〈精神现象学〉的几个问题》，《中国高校社会科学》2013
　年第 2 期，第 44-45 页。

②《马克思恩格斯全集》第三卷，人民出版社 2002 年版，第 316 页。

诞生地"一词，仅仅因为《精神现象学》是黑格尔第一本大部头的著作并且是哲学体系的导言而已，而不要往哲学意义上的重要地位方面去理解。

（3）黑格尔在形成哲学体系的过程中，即成熟体系结构酿成之前，本来并没有《精神现象学》的写作安排；后来准备写作《逻辑学》时，感到不经过一个预备过程直接进入哲学的概念，思维显得太突兀了，才写了《精神现象学》（意识史、认识史）作为体系的入门，并把它当作体系的第一部分。《精神现象学》是为了说明，《逻辑学》中的基本概念虽然是先天的，但它们显示给人类或人类对它们的认识和把握却是始自经验的，是经历了一个漫长发展过程的。黑格尔完成《哲学科学全书纲要》后，觉得《精神现象学》作为体系的导言所承担的任务可以由体系本身来承担①。也就是说，按照黑格尔哲学的体系的完美形式来说，《精神现象学》作为导言也是没有必要的，是多余的。登上体系就把梯子蹬掉，这似乎有点过河拆桥的意味。但实际上，黑格尔既然已经写出了《精神现象学》，《精神现象学》就有了事实上的存在及地位。我说《精神现象学》是黑格尔哲学体系的导言，正是从事实上来说的；从体系的内在逻辑来说，以《精神现象学》做导言是多余的，因为黑格尔哲学的体系是一个自洽圆圈，没有起点和终点，而导言有起点之嫌疑。《精神现象学》与体系的关系的这种开始需要后来又多余的矛盾，反映的正是黑格尔哲学客观唯心论的无中生有的窘态。《精神现象学》的出现，既表明黑格尔是重视现实和经验的哲学家，也表明黑格尔哲学仍有经验论乃至实在论的痕迹；既表明黑格尔建造空中楼阁的哲学的困境（仍需要梯子），又暗示着纯粹无中生有的客观唯心论终究是站不住脚的。

柏拉图的哲学还没达到概念论证的水平，而是以对话和神话等

---

① 参见张慎：《西方哲学史》（第六卷），凤凰出版社、江苏人民出版社2006年版，第477-480页。

感性表象方式来表达思想的。所以，如果从哲学的角度而不是从文学等角度去读柏拉图的著作，就不可过多地拘泥、纠缠于柏拉图著作的具体文字材料。对此，黑格尔深有感触，他说："柏拉图用神话的方式来表达哲学思想，是很受到称赞的。……柏拉图对话的神话形式使得他的著作富于吸引力，但这也就是引起误解的一个根源。而人们把柏拉图的神话当作他的哲学中最优秀的部分，这已经就是一种误解了。……哲学原则乃是思想，为了使哲学更纯正，必须把哲学原则作为思想陈述出来。"[①]"这些神话会使得我们引证出许多命题当作柏拉图的哲学原则，而其实完全不是那样一回事。"[②]黑格尔这些感言，我认为可以用来参照指引我们如何从哲学角度解读他的《精神现象学》。

二、内在性特征

主要从实体即主体原则看，黑格尔哲学具有内在性特征。所谓内在性，即实体的一切活动都是自己在自身内完成的，它的动力在于自身固有矛盾。这样，实体因内在运动而成为主体，反过来主体使实体运动呈现内在性。下面结合一些原文，具体解读黑格尔哲学的内在性特征。

（一）黑格尔对内在性的表述

由于实体即主体原则贯穿黑格尔哲学，黑格尔哲学无处不体现着内在性特征。但黑格尔明确表述内在性的文字相对较少，这里摘录一些，并略释其意。

---

① 黑格尔：《哲学史讲演录》（第二卷），贺麟、王太庆译，商务印书馆 1960 年版，第 169 页。
② 黑格尔：《哲学史讲演录》（第二卷），贺麟、王太庆译，商务印书馆 1960 年版，第 170 页。

"实体作为主体，本身就具有最初的内在必然性，必然把自己表现为它自在地所是的那个东西，即把自己表现为精神。"①必然性未必是内在的，因为还有外在必然性。例如，人被枪杀致死是人的死亡的外在必然性，人皆有一死是人的死亡的内在必然性。但外在必然性是形式的必然性，真正的必然性是内在必然性。人即使不被枪杀，也迟早会自然死亡，这就是人的死亡的内在必然性，即真正的必然性。既然内在必然性是真正的必然性，那么内在性就是必然性。实体作为主体，就是作为自己运动的实体；"自己"就是内在。所以，实体作为主体，本身就具有最初的内在必然性。我正是从这个意义上说，即主要从实体即主体的原则看，黑格尔哲学具有内在性特征。我这个推断是大致符合黑格尔这段原文意思的。在黑格尔看来，具有内在必然性的主体，必然把自己表现为精神，因为只有精神才有能动性，才能成为主体。

"我们主要的必须从精神的具体现实性和能动性去考察精神，这样就可以认识到精神的外在表现是由它的内在力量所决定的。"②黑格尔认为，精神的力量是内在的力量，正因为这种力量是内在的，所以从自在的精神是看不到它的力量的，要从自为的精神或主体的精神才能看到它的力量。自为的精神会把自身内在的力量通过能动性具体地展现出来，反过来，通过能动性的具体外在展现，可以认识到原来它是内在力量决定的，是内在力量的表现。内在的东西通过它的外在表现而被认识，被认识到是外在表现的决定力量。

"这里只消先行指出，矛盾发展并不是从外面加给思维范畴的，而毋宁是即内在于思维范畴本身内。"③这句话意思很明确，范畴本身内含矛盾，矛盾不是从外面加给思维的，这是典型的内在性观点。

---

① 黑格尔：《精神现象学》(下)，贺麟、王玖兴译，商务印书馆 1979 年版，第 269 页。
② 黑格尔：《小逻辑》，贺麟译，商务印书馆 1980 年版，第 104 页。
③ 黑格尔：《小逻辑》，贺麟译，商务印书馆 1980 年版，第 118 页。

所谓范畴本身内含矛盾，是指矛盾的对立面不是外面加进来的，而是自我否定设立起来的，所以克服对立达到统一就是否定之否定的内部事务。在黑格尔看来，旧形而上学克服不了哲学上的各种对立，是因为它们把矛盾了解为外在的坚固的对立。

"这种精神的运动，从单纯性中给予自己以规定性，又从这个规定性给自己以自身同一性，因此，精神的运动就是概念的内在发展：它乃是认识的绝对方法，同时也是内容本身的内在灵魂。——我认为，只有沿着这条自己构成自己的道路，哲学才能够成为客观的、论证的科学。"[①]黑格尔这段话讲得精到，可以说是对他的全部哲学的简要概括。它有三层意思：其一，精神运动是概念的内在发展，就是通过自身否定而给予自己规定性，然后又扬弃规定性（否定之否定）返回自身同一；其二，概念的内在发展，既是本体论意义上的，也是认识论意义上的，即认识绝对的方法；其三，只有沿着这条自己构成自己（概念的内在发展）的道路，哲学才能成为科学。

"属于精神概念的这种对外在性的扬弃，就是我们曾称之为精神的观念性的东西。精神的一切活动都无非是外在东西回复到内在性的各种不同的方式，而这种内在性就是精神本身，并且只有通过这种回复，通过这种外在东西的观念化或同化，精神才成为而且是精神。"[②]这段话是讲理念从自然生命回复到主观精神，这个过程也就是扬弃自然的外在性，回复到精神的内在性的过程。自然是理念的他在形态，自然的演进过程：力学—物理学—有机物理学，是一个理念从外在性过渡到内在性的过程。动物是自然的最高形态，动物生命体现了有机体器官的高度统一性，这种统一性就是内在性。但动物毕竟受外在自然形式的束缚，它的内在统一性还是有限的。人

---

① 黑格尔：《逻辑学》（上），杨一之译，商务印书馆 1966 年版，第 5 页，第一版序言。
② 黑格尔：《哲学全书·第三部分·精神哲学》，杨祖陶译，人民出版社 2006 年版，第 14 页。

作为动物的最高代表，是从自然生命的有机统一过渡到主观精神的载体。只有观念性的东西才是无限的，真正内在统一的。主观精神—客观精神—绝对精神的历程，也是精神继续不断克服外在性回复到内在性的过程。

（二）内在性的含义

内在性的基本含义前面已经阐述了。下面是内在性在不同语境中的一些具体含义。

"物质的无限可分性无非意味着物质对它自身是一种外在的东西。……只有在生命中，才达到主观性，达到彼此相外状态的反面；心脏、肝脏和眼睛各自都不是独立的个体，而手如果同躯体分离，也就会坏死。"[①]这里把内在性理解为不可分性，即统一性。这段话的意思是说，外在的东西才是无限可分的，因为它的分解不影响被分解的东西的存在，所以各物互相外在，漠不相干。物质无限可分，这说明物质是外在存在。相反，内在的东西是各部分的有机整体，一般是不可分的或不可无限地分割的，这就是内在东西的统一性，这种统一性显示了内在东西的主体性或主观性。生命体是内在东西的典型例子，生命体的各器官如果无限分解，各器官以及生命体本身都将不复存在。

"自然哲学教导我们，自然是怎样一个阶段一个阶段地扬弃它的外在性，……是怎样通过动物的生命、通过有感受的东西得到完成的，因为有感受的东西向我们揭示出作为一的灵魂在其形体性的一切点上都无所不在，因而揭示出物质的相互外在是被扬弃了的。"[②]这里把内在性理解为作为一的灵魂。无机自然物之间彼此外在，是因

---

① 黑格尔：《自然哲学》，梁志学等译，商务印书馆1980年版，第236页。
② 黑格尔：《哲学全书·第三部分·精神哲学》，杨祖陶译，人民出版社2006年版，第43页。

为它们没有有机统一性，这种有机统一性作为一就是灵魂。自然从无机物到有机物到生命的演进，就是一个阶段一个阶段地扬弃它的外在性的过程。动物是有机统一的生命体，感受性是它的统一性的体现。感受性一方面在形体的一切点上都存在，另一方面任一处的感受都影响形体其他各处。所以，感受性体现了动物的灵魂，体现了动物生命的内在统一性。

"因为概念的本性是内在的，所以数最不适于表示概念的范畴。"①这里把内在性理解为概念的本性，这是内在性最根本的含义。数（量）是质的扬弃，不与事物的质的存在直接相关，例如，一滴水和一盆水在质上没有区别。所以数是外在的，不适合表示概念（质的存在）。黑格尔在（大、小）逻辑学中有很多对在哲学上推崇数和数学方法的观点的批判。当前一些学科，特别是一些社会科学学科，有推崇数学方法的倾向，根据黑格尔对数和数学的看法，这是形式大于内容的倾向，即形式主义倾向。

"理性之能为无条件的，只有由于理性不是为外来的异己的内容所决定，而是自己决定自己的，因此，在它的内容中即是在它自己本身内。"②这里相当于把内在性理解为无条件性。理性自己决定自己，是内在性的，是无条件的。外在性的东西由他物决定，是有条件的；内在性的东西由自己决定，自己是自己的条件，等于无条件。别人拉你一把，是外在力量，是有条件的；你的肢体器官互相协调，是内在力量，是无条件的。

"理解本能是有困难的，造成这种困难的秘密完全在于目的只能作为内在概念加以理解，因此，单纯的知性解释和知性关系就立刻显得对本能是不妥当的。有生命的东西应当被看作是按照目的进行

---

① 黑格尔：《哲学史讲演录》（第一卷），贺麟、王太庆译，商务印书馆 1959 年版，第 221 页。

② 黑格尔：《小逻辑》，贺麟译，商务印书馆 1980 年版，第 142 页。

活动的，这个基本定义早已被亚里士多德所掌握，但在近代几乎被人遗忘殆尽，直到康德才以他自己的方式，用内在合目的性又恢复了这个概念，认为有生命的东西应被看作是以自身为目的。在这个问题上造成困难的主要原因，在于目的关系往往被想象为外在的，而且有一种意见颇为盛行，以为目的似乎仅仅是以有意识的方式存在的。其实，本能是一种以无意识的方式发生作用的目的活动。"①这里，黑格尔把内在性理解为本能，这个理解有点新颖。本能是有生命的东西以自身为目的的不自觉的能力，是内在目的无意识的能力。因为，真正的目的是一个内在概念，即内在目的才是真正的目的。本能以自身为目的，以自身为目的就是内在目的，故本能是内在性的，是内在性的一种具体表现。

黑格尔还把内在性理解为真正的必然性，这点前面已经讲过了。

（三）黑格尔对内在性的应用

黑格尔认为，只有内在性的哲学才能得到证明，才是科学；反之，缺乏内在性的哲学都难免空疏外在。"照这种看法，一切有生命的、精神的……东西只是凑合起来的；变化、发生、创造因此也仅仅是一种联合。这里立刻就表明了整个学说的空疏性。"②如果说内在性是黑格尔哲学的一个主要特征，那么，在黑格尔看来，旧形而上学恰恰缺乏内在性；凡是缺乏内在性的学科或学说，黑格尔都予以贬低或评价不高。比如黑格尔对数学的评价就不高，认为它是外在性的学科，不适合把握概念。黑格尔指出旧形而上学缺乏内在性的地方较多，这里就不列举了。

黑格尔也常以内在性观点分析问题或评判事物，这里举几个例子。

---

① 黑格尔：《自然哲学》，梁志学等译，商务印书馆 1980 年版，第 540-541 页。
② 黑格尔：《哲学史讲演录》（第一卷），贺麟、王太庆译，商务印书馆 1959 年版，第 334 页。

"但是，由于对象是被欲望着的自我意识消灭的，对象就好像是败于一种彻头彻尾外来的力量。可是，这只是一种假相。……因此，在对象为自我意识消灭的过程中，对象的毁灭是由于它自己的概念的力量，这个概念仅仅内在于它里面、而正因此看起来就好像是仅仅从外部来到它那里的。"①一个对象被主体消灭，通常看法是对象被外来力量消灭了。但黑格尔以内在性观点分析，认为对象被消灭的根本原因在对象本身，在于对象自己概念的力量。由于概念（的力量）是内在于对象的，所以看起来被消灭的力量好像是从外面来的。例如，一个苹果被某人吃掉，某人只是这个苹果被消灭的外因或契机，这个苹果被消灭的真正原因即内因是苹果自身，因为苹果的概念包含了人体可消化的营养，导致苹果被吃；即使某人不吃掉这个苹果，它也可能被其他动物吃掉，苹果的概念决定苹果是要被消灭的。假如是一块石头，就不可能被某人吃掉，因为石头的概念没有包含人体可消化的营养。

"死亡的必然性并不在于个别原因，就像在有机体中任何现象都一般不在于个别原因一样；因为外在情况可能成为死亡的原因，这本身是由于有机体的内在本性所致。"②这是黑格尔以内在性的观点理解死亡现象。个别原因只是死亡的诱因或契机，死亡的必然性即死亡的真正原因在于有机体本身，即在于内因。有机体的概念本身包含死亡，即必有一死，迟早要死。假如某物是一块铁，刀枪不入，就不存在死亡现象。自然死亡是生命体器官衰竭，而偶然诱因死亡是生命体器官受到外力破坏，区别仅仅在这里。但不论怎样，生命体是要死亡的，这是它本身的概念决定的，即内因决定的。

---

① 黑格尔：《哲学全书·第三部分·精神哲学》，杨祖陶译，人民出版社 2006 年版，第 224 页。

② 黑格尔：《自然哲学》，梁志学等译，商务印书馆 1980 年版，第 612 页。

"有机体把自身设定为一个与规定性相对立的整体；在这种情况下，医生毫无办法，一般说来，全部医术也不过是助理自然力罢了。"①黑格尔以内在的观点看待有机体，把有机体看作一个自身差别的统一体，这是他一贯的观点。后半句话把这个观点与医生、医术联系起来，得出"全部医术也不过是助理自然力罢了"的结论，这是对医术看法的一个深刻见解。的确，最好的医生是有机体自身，有机体自身的内在统一的生命是一种卓越的自然力，全部医术也不过是助理自然力（外在施救力量）。假如有机体自身衰竭了，谁都回天无术。如果说在法律面前不一定人人平等，那么在自然规律面前则人人平等。

三、现实性特征

主要从思维与存在同一的原则看，黑格尔哲学具有现实性特征。黑格尔重视现实性的渊源在亚里士多德哲学那里，而且黑格尔以自己的观念论来解释亚里士多德哲学的现实概念的含义。"但须知，现实无疑是亚里士多德哲学的基本原则，不过他所谓现实不是通常所说的当前直接呈现的材料，而是以理念为现实。"②

在本体论上重视现实与在认识论（方法论）上重视经验（实践）是相关的。一般唯物论都注重现实和经验。一些哲学家既重视形而上的本体又重视现实的东西，他们的哲学往往就摆脱不了二元论倾向，例如亚里士多德、笛卡尔、康德等人的哲学。在哲学史上，如果要坚持唯心论的一元论，似乎形而上的本体与现实的东西就不可兼立。但是黑格尔做到了这点，能把精神与现实统一起来，这是黑格尔哲学区别于其他唯心论哲学的一个主要特征。下面结合一些原文，具体解读黑格尔哲学的现实性特征。

① 黑格尔：《自然哲学》，梁志学等译，商务印书馆1980年版，第603页。
② 黑格尔：《小逻辑》，贺麟译，商务印书馆1980年版，第296页。

（一）黑格尔注重现实性的表述

黑格尔注重现实性的表述，集中体现在《法哲学原理》序言里的一句广为流传的名言中：

> 凡是合乎理性的东西都是现实的；凡是现实的东西都是合乎理性的。①

黑格尔当时并没有对这句话做适当解释，所以它得到流传的同时也产生一些歧义和误解。它后面紧接着的一句话是："每一个天真意识都像哲学一样怀着这种信念。哲学正是从这一信念出发来考察不论是精神世界或是自然世界的。"②后一句话对前者还是有阐释作用的，有助于理解前者，却常被忽视。这两句话连在一起，说明哲学怀着同一信念去考察精神世界和自然世界。这个信念就是前面那句"两个凡是"，它表达的就是思维与存在同一原则。

黑格尔在《小逻辑》第二版导言中也谈到他的哲学的现实性："以上所说似重在说明哲学知识的形式是属于纯思和概念的范围。就另一方面看来，同样也须注重的，即应将哲学的内容理解为属于活生生的精神的范围、属于原始创造的和自身产生的精神所形成的世界，亦即属于意识所形成的外在和内心的世界。简言之，哲学的内容就是现实。……对于这个同一内容的意识，哲学与别的认识方式，既然仅有形式上的区别，所以哲学必然与现实和经验相一致。甚至可以说，哲学与经验的一致至少可以看成是考验哲学真理的外在的试金石。同样也可以说，哲学的最高目的就在于确认思想与经验的一致，并达到自觉的理性与存在于事物中的理性的和解，亦即达到理性与现实的和解。"③ 这里明确说，哲学的内容是现实；哲学的最高目的在

---

① 黑格尔：《法哲学原理》，范扬、张企泰译，商务印书馆 1961 年版，第 11 页，序言。
② 黑格尔：《法哲学原理》，范扬、张企泰译，商务印书馆 1961 年版，第 11 页，序言。
③ 黑格尔：《小逻辑》，贺麟译，商务印书馆 1980 年版，第 43 页，导言。

于达到理性与现实的和解。理性与现实的和解，也就是思维与存在同一。

为消除误解，黑格尔在《小逻辑》第二版导言中重提那句"两个凡是"的名言，对它做了一些解释："认为合理性的东西就是现实性这种说法颇与一般的观念相违反。因为一般的表象，一方面大都认理念和理想为幻想，认为哲学不过是脑中虚构的幻想体系而已；另一方面，又认理念与理想为太高尚纯洁，没有现实性，或太软弱无力，不易实现其自身。……哲学所研究的对象是理念，而理念并不会软弱无力到永远只是应当如此，而不是真实如此的程度。所以哲学研究的对象就是现实性，而前面所说的那些事物、社会状况、典章制度等等，只不过是现实性的浅显外在的方面而已。"[1] 这里解释说，人们从常识表象的角度，把理念看作幻想，或者又认为理念太高尚，没有现实性。其实，哲学研究的对象既是理念，也是现实。

以上引用的原文，可以充分说明黑格尔哲学注重现实性。黑格尔注重现实性的表述，还是比较多的，没有必要都摘引下来，这里再附上两小段：

> ……假如说一个内容的真否，取决于外在的实有，这种想法是片面的；那么，把理念、本质、甚至内在的感觉，都设想为与外在的实有无关，甚至愈远离实在就愈高超，那也是同样片面的。[2]

> ……与经验主义一样，哲学也只认识什么是如此，凡是仅是应如此，而非是如此的事物，哲学并不过问。[3]

---

① 黑格尔:《小逻辑》，贺麟译，商务印书馆 1980 年版，第 44-45 页，导言。
② 黑格尔:《逻辑学》(上)，杨一之译，商务印书馆 1966 年版，第 104 页。
③ 黑格尔:《小逻辑》，贺麟译，商务印书馆 1980 年版，第 112 页。

（二）现实性的含义

1. 现实性是理性（精神）

黑格尔"两个凡是"的名言，已经点明现实性就是理性（精神），理性就是现实性。这是现实性的根本含义，现实性的其他含义都是从这个根本含义推衍出来的。类似的表述还有不少，这里再引用一些：

> 一切现实的东西，唯有在它具有理念并表现理念的情况下才有。[1]

> 哲学所研究的是理念，从而它不是研究通常所称的单纯的概念。相反地，哲学应该指出概念的片面性和非真理性，同时指出，只有概念（不是平常听到那种称做概念的、其实只是抽象理智规定的东西）才具有现实性，并从而使自己现实化。[2]

> 自我就其本质来看，是概念，是自相等同的东西，是贯穿一切的东西，这种东西在保持着对于特殊差别的统治时，就是向自身回归的普遍东西。这种概念同时也是真实的理念，宇宙的神圣理念，只有这种理念才是现实的东西。[3]

> 理念并不在现实界的彼岸，在天上，在另一个地方，正相反，理念就是现实世界。但是只有自在自为地有普遍性的东西才是世界中的真实存在。[4]

> 但须知，除了理性外更没有什么现实的东西，理性是

① 黑格尔：《逻辑学》（下），杨一之译，商务印书馆 1976 年版，第 449 页。
② 黑格尔：《法哲学原理》，范扬、张企泰译，商务印书馆 1961 年版，第 1 页。
③ 黑格尔：《自然哲学》，梁志学等译，商务印书馆 1980 年版，第 19 页。
④ 黑格尔：《哲学史讲演录》（第二卷），贺麟、王太庆译，商务印书馆 1960 年版，第 179 页。

绝对的力量。[①]

　　这些引言都表明，现实性是理性。"因此，现实性——它正在于精神的显示——是属于精神的概念的。"[②]也就是说，黑格尔的现实性是属于精神的概念。所以，黑格尔的理性与现实性等同、思维与存在同一，本质上都是精神自身的等同，是精神与精神的同一。黑格尔就是以这种方式，来克服理性与现实性、思维与存在的对立，达到两者的和解。不过，这种同一是包含差别和特殊性的同一，这点特别重要，否则就是抽象的同一，抽象同一是黑格尔深恶痛绝的。正因为理性是包含差别和特殊性的同一，所以理性是现实的。而差别和特殊性是理性固有的否定本性（主体性）产生出来的，所以现实性的本质是精神，现实是精神的产物和体现。精神也因为有现实性才是精神，否则就不是真正的精神，或仅仅是抽象的精神，即黑格尔所批判的知性的精神。

　　那么，我们现实生活中的有限事物有没有现实性呢？判断标准还是精神（理念）。有限事物是理念的外化或外在表现，或者说有限事物的本质是理念，所以，有限事物没有完全的现实性，但有部分的（有限的）现实性。与它的概念不符是有限事物的根本特征，所以有限事物都是要消亡的，而它的概念是永存的。黑格尔对此类问题做过说明："然而完全没有概念和实在性的同一的东西，就不可能有任何存在。甚至坏的和不真的东西之所以存在也还是因为它们的某些方面多少符合于它们的概念。那彻底的坏东西或与概念相矛盾的东西，因此即是自己走向毁灭的东西。"[③]

① 黑格尔：《哲学史讲录》（第四卷），贺麟、王太庆译，商务印书馆1978年版，第294页。
② 黑格尔：《哲学全书·第三部分·精神哲学》，杨祖陶译，人民出版社2006年版，第23页。
③ 黑格尔：《小逻辑》，贺麟译，商务印书馆1980年版，第399页。

　　但是，实存（存在）和现实性是不同的。黑格尔认为"现实比存在立于更高地位"①。坏的东西可以实存，但没有现实性。黑格尔举例说："如果只是存在便叫做客观实在，那么，一个犯罪的行为也可说是客观实在，但是犯罪的行为本质上是没有真实存在的，由罪行后来受到惩罚或禁止来看，更足以显得它没有真实的存在。"②按照黑格尔的意思，犯罪行为不是现实的，因为它不符合人的行为的概念，所以要受到惩罚或禁止。

　　2. 现实性是必然性

　　在黑格尔哲学中，（内在）必然性和理性是同一高度的范畴。凡是必然性的东西都是合乎理性的，凡是合乎理性的东西都是必然性的。这样，必然性就是现实性，反过来，现实性就是必然性。下面引用两段原文，并略做阐释：

　　"如果这种统一不存在，那种东西就不是现实的，即使它达到实存也好。一个坏的国家是一个仅仅实存着的国家，一个病躯也是实存着的东西，但它没有真实的实在性。……真实的现实性就是必然性，凡是现实的东西，在其自身中是必然的。"③ 这里也讲到实存（存在）与现实的区别。现实符合概念，实存部分地符合概念。一个坏的国家多少部分地符合国家的概念，没有现实性，只有实存；一个好的国家符合国家的概念，所以有现实性。这里说真实的现实性指完全的现实性，所以它是必然性。有限事物以偶然性存在（实存），但偶然性中含有必然性，因为有限事物中隐藏着理念，所以有限事物有部分的现实性。

　　"……日常生活中，任何幻想、错误、罪恶以及一切坏的东西、一切腐败幻灭的存在，尽管人们都随便把它们叫做现实。但是，甚

---

① 黑格尔：《逻辑学》（下），杨一之译，商务印书馆1976年版，第192页。
② 黑格尔：《小逻辑》，贺麟译，商务印书馆1980年版，第124页。
③ 黑格尔：《法哲学原理》，范扬、张企泰译，商务印书馆1961年版，第280页。

至在平常的感觉里，也会觉得一个偶然的存在不配享受现实的美名。因为所谓偶然的存在，只是一个没有什么价值的、可能的存在，亦即可有可无的东西。但是当我提到'现实'时，我希望读者能够注意我用这个名词的意义，因为我曾经在一部系统的《逻辑学》里，详细讨论过现实的性质，我不仅把现实与偶然的事物加以区别，而且进而对于'现实'与'定在'、'实存'以及其他范畴，也加以准确的区别。"①这里还是说日常生活中的偶然的存在，特别是坏的东西，不配享受现实的美名。黑格尔这里提醒读者应将现实与定在、实存区分开来。

真正意义上的现实就是精神，而精神是自己实现自己的普遍的东西，是必然的，所以现实性是必然性。

3. 现实性是通过运动（行动）而实现的具体性

现实是精神的实现，精神通过自己运动并在运动中实现自己，因此，现实性是通过运动（行动）而实现的具体性。下面结合原文阐释：

"与此相反，哲学并不考察非本质的规定，而只考察本质的规定；它的要素和内容不是抽象的或非现实的东西，而是现实的东西，自己建立自己的东西，在自身中生活着的东西，在其概念中实际存在着的东西。哲学的要素是那种产生其自己的环节并经历这些环节的运动过程；而这全部运动就构成着肯定的东西及其真理。"②这段文字是说，哲学考察本质的规定，它的内容是现实的东西；现实的东西，就是自己在运动中建立的东西，是在自身中生活着的具体的东西；而这全部运动就构成着肯定的东西及其真理。简言之，概念（本

---

① 黑格尔：《小逻辑》，贺麟译，商务印书馆 1980 年版，第 44 页，导言。
② 黑格尔：《精神现象学》（上），贺麟、王玖兴译，商务印书馆 1979 年第 2 版，第 30 页。

质的规定）在自己的运动中实现自己。

"什么是现实的，便能够起作用；某个事物通过它所发生的东西来宣布它的现实。"①现实的东西是在运动中能够发生作用的东西；反过来说，事物通过在运动中所发生的东西来表明它的现实性。运动是实现的手段，也是实现本身。

"一般讲来，直接的现实性本身，并不是像它所应是的那样，而是一个支离破碎的、有限的现实性，而它的命运就在于被销毁掉。但现实性还有另一方面，那就是，它的本质性。这本质性首先即是它的内在的方面，但内在方面作为单纯的可能性，也注定了要被扬弃。这种被扬弃了的可能性即是一种新的现实性的兴起，而这种新兴的现实性便以那最初直接的现实性为前提、条件。……这样新兴起来的现实性就是它所消耗了的那个直接的现实性所固有内在本质。这样，完全另外一个形态的事物就产生了，但它又并不是一个另外的事物，因为后者即是前面的直接现实性的本质的发展。在后一新兴的现实里，那些被牺牲了、被推翻了、被消耗了的条件，达到和自己本身的结合。——现实性矛盾发展的过程大致如此。"②

这段话阐述了现实性矛盾发展的过程。现实性的本质是理性、概念，理性、概念是现实性的内在方面。只有理性、概念才是真正现实的东西；有限事物，即直接的现实性，不能真正（完全）与概念相符，没有真正（完全）的现实性，只有有限的（部分的）现实性，所以直接的现实性（有限事物）的命运就在于被销毁。但是，真正的（本质的）现实性总是要通过直接的现实性表现出来；一个直接现实性毁灭了，一个新的直接现实性形态又产生了，这后面的推动力正是真正的现实性（概念）；直接现实性的新旧更替，是真正的现实性的力量及其实现的外在表现。真正的现实性是对立的新旧

---

① 黑格尔：《逻辑学》（下），杨一之译，商务印书馆 1976 年版，第 199 页。

② 黑格尔：《小逻辑》，贺麟译，商务印书馆 1980 年版，第 304 页。

直接的现实性的同一，所以直接的现实性的新旧更替不是完全否定，而是扬弃；新的直接的现实性把旧的直接的现实性作为发展的条件保留在自身内。

（三）黑格尔对现实性的应用

黑格尔对现实性观点的应用主要表现在：现实性的实现在于行动（运动）。一个东西如果停留在观念上，就仅仅是个观念，而不是真实的东西；只有付诸行动的观念才是真实的观念，才具有现实性。下面引用三段原话，作为黑格尔对现实性的应用的例子：

"主体就等于它的一连串的行为。如果这些行为是一连串无价值的作品，那末他的意志的主观性也同样是无价值的；反之，如果他的一连串的行为是具有实体性质的，那末个人的内部意志也是有实体性质的。"[1]这里的主体指人，"主体就等于它的一连串的行为"就是说人由他的行为构成。人如果是现实中的人，他必定由一连串的行为铸就。简言之，现实性离不开行动。如果他的行为没有价值，他的意志也没有价值。黑格尔还把现实性和内在性结合起来应用，得出"凡人莫不自作自受"[2]的命题。

"个人只有成为定在，成为特定的特殊性，从而把自己完全限制于需要的某一特殊领域，才能达到他的现实性。"[3]这是说，个人只有成为具体的人，才能实现自己。成为具体的人，就是处于某一特定环境、限制于某一特殊领域的人。毫无疑问，这一切都需要行动（行为）来实现。

"因为英雄的思想只是一个思想，英雄的行为才是真实的普遍的

---

① 黑格尔：《法哲学原理》，范扬、张企泰译，商务印书馆1961年版，第126页。
② 黑格尔：《小逻辑》，贺麟译，商务印书馆1980年版，第310页。
③ 黑格尔：《法哲学原理》，范扬、张企泰译，商务印书馆1961年版，第216页。

东西；同样情形，效果与方法才是伟大的普遍的东西。"①这是说，思想只有付诸行动（行为）才有现实性；效果与方法无非也是使思想实现出来；而思想只有实现了才是真实的普遍。这里的"普遍"，不是知性思维的普遍。知性思维的普遍指抽象概括出来的共性（共相），而黑格尔哲学的普遍指包含差异（特殊）的统一。英雄的行为使英雄的思想特殊化、具体化、现实化，使英雄的思想从抽象的普遍转化为具体的（真实的）普遍。

第二节　黑格尔哲学的辩证法

关于黑格尔哲学的辩证法，本文第二章第二节第三小节曾涉及并有所论述，这里则进行专门解读。

马克思在《资本论》第二版的跋中认为辩证法是黑格尔哲学的合理内核，后来的马克思主义哲学原理沿用这一说法。恩格斯在《自然辩证法》中把黑格尔哲学的辩证法归结为三个规律：量转化为质和质转化为量的规律、对立的相互渗透的规律、否定的否定的规律②。这三个规律后来成为马克思主义哲学原理的辩证法的主要内容，可见黑格尔哲学的辩证法对马克思主义哲学原理的影响是不可低估的。事实上，黑格尔哲学的确贯穿着辩证法，辩证法是黑格尔哲学的重要内容是毋庸置疑的。"正确地认识并掌握辩证法是极关重要的。辩证法是现实世界中一切运动、一切生命、一切事业的推动原则。同样，辩证法又是知识范围内一切真正科学认识的灵魂。"③鉴于辩证

①　黑格尔：《哲学史讲演录》（第三卷），贺麟、王太庆译，商务印书馆 1959 年版，第 183 页。
②《马克思恩格斯选集》（第三卷），人民出版社 2012 年版，第 901 页。
③　黑格尔：《小逻辑》，贺麟译，商务印书馆 1980 年版，第 177 页。

法在黑格尔哲学中的重要地位和黑格尔哲学的辩证法对马克思主义哲学（原理）的重要影响，本文把辩证法列为以三个原则解读黑格尔哲学的一个范例。

　　黑格尔之所以认为辩证法极为重要，是因为他认为旧形而上学的知性思维有缺陷，导致一系列形而上学的对立无法得到统一（和解）。"旧形而上学的思维是有限的思维，因为它老是活动于有限思维规定的某种界限之内，并把这种界限看成固定的东西，而不对它再加以否定。"[①]正是为了克服旧形而上学的思维的缺陷，黑格尔以辩证法贯穿他的全部哲学。

　　黑格尔的辩证法是建立在知性思维的基础上的。"思辨逻辑内即包含有单纯的知性逻辑，而且从前者即可抽得出后者。我们只消把思辨逻辑中辩证法的和理性的成分排除掉，就可以得到知性逻辑。"[②]所以，黑格尔虽然在他的哲学中贯穿辩证法，也频频地指出知性思维的缺陷乃至有时贬低知性思维，但仍然给予知性思维相当高的评价。黑格尔认为知性思维只是不足以把握追求绝对的形而上学问题，但在日常生活和普通学科中，知性思维功能强大且地位十分重要。下面摘引三段黑格尔高度评价知性的原文，并略做解释：

　　"分解活动就是知性的力量和工作，知性是一切势力中最惊人的和最伟大的，或者甚至可以说是绝对的势力。"[③]将事物区别开来并对事物进行分析，是知性的一个强大功能。综合也是知性的功能，但综合的前提是分析。

　　"但是，知性虽然本身具有刚才指出的缺陷，它却是理性思维的一个必要的环节。知性的活动一般说来就在于抽象。……因此，人

---

① 黑格尔：《小逻辑》，贺麟译，商务印书馆1980年版，第97页。
② 黑格尔：《小逻辑》，贺麟译，商务印书馆1980年版，第182页。
③ 黑格尔：《精神现象学》（上），贺麟、王玖兴译，商务印书馆1979年第2版，第20-21页。

们称那追求一种重大目的的人为一个理智（知性）的人；没有知性也就不可能有坚定的性格，因为属于坚定性格的是人对于他个人的本质特性的坚持。但是，知性也可以颠倒过来赋予一个片面的规定以普遍性的形式，并因而成了具有辨别本质东西的能力的人类健全理智（知性）的反面。"①知性之所以是一种静态思维，因为它的首要特点是抽象。也就是说，不是把认识对象的质料装入人脑，而是把认识对象的形式映入人脑；就像人脑给认识对象拍了一个照，所以这种认识是静态的。知性为了将事物区别开，避免混乱，所以遵循同一律或（不）矛盾律；A 是 A，B 是 B，别搞错了。同一律是反对变化的，所以人在意志和性格上遵循知性规律有时被认为固执或偏执。但是，没有知性规律的遵守也就不可能有坚定的性格，没有坚定性格就不可能专注于一项事业，不专注于一项事业就不可能取得突出成就，所以有句调侃语说：只有偏执狂才能生存。知性规律在一定范围内使用，不仅是正常的，而且是优秀的。但是过度使用乃至极端使用知性规律，把片面的东西当成普遍的东西，就会带来不良后果，毕竟变化是事物的本质属性，知性的长久不变肯定是不对的。

"——但是再进一步，就必须重视知性的无穷力量，它把具体物分离为抽象的规定性，掌握了区别的深度，同时，它也是使各规定性过渡的唯一的威力。"②这仍然是赞扬知性的抽象威力，知性使人们掌握了区别的深度。这句话中的"过渡"不是辩证逻辑意义上的过渡，而是指形式逻辑推理的过渡。

黑格尔认为区分知性和理性是康德的功绩："康德以前，在我们中间没有在知性和理性之间作出过任何确切的区别。但是，如果我们不想陷入愚蠢地抹煞纯粹思维的不同形式的模糊意识的话，那就

① 黑格尔：《精神现象学》（上），贺麟、王玖兴译，商务印书馆 1979 年第 2 版，第 295 页。
② 黑格尔：《逻辑学》（下），杨一之译，商务印书馆 1976 年版，第 279 页。

必须在知性和理性之间确立起这个区别……"①康德这一区别推进了人们对矛盾（二律背反）和辩证法的认识，但康德认为矛盾是范畴离开经验的运用而误用于超验领域引起的，而不是超验领域自身存在矛盾。"康德这种思想认为知性的范畴所引起的理性世界的矛盾，乃是本质的，并且是必然的，这必须认为是近代哲学界一个最重要的和最深刻的一种进步。但康德的见解是如此的深远，而他的解答又是如此的琐碎；它只出于对世界事物的一种温情主义。他似乎认为世界的本质是不应该具有矛盾的污点的，只好把矛盾归于思维着的理性，或心灵的本质。"②从这句话还可以看出，黑格尔认为矛盾（辩证法）是世界事物的本质。

马克思主义哲学原理认为辩证法是世界事物运动的法则。表面上看，马克思主义哲学原理与黑格尔哲学对辩证法的看法几乎一致，都认为辩证法是客观的。但马克思说："我的辩证方法，从根本上来说，不仅和黑格尔的辩证方法不同，而且和它截然相反。"③那么，黑格尔哲学的辩证法到底是怎样的呢？下面结合原文，分别以三个原则为指引依次对黑格尔哲学的辩证法做简要解读。

一、以观念论原则解读黑格尔的辩证法

辩证法最早在古希腊是一种辩论的技艺，因此一直被误以为是一种主观能力。"辩证法是那些古代科学在近代人的形而上学中以及通过古代人和近代人的流行哲学而最遭到误解者之一。……人们常把辩证法看做一种技艺，似乎它是靠主观才能，而不属于概念的客

---

① 黑格尔：《精神现象学》（上），贺麟、王玖兴译，商务印书馆 1979 年第 2 版，第 294 页。
② 黑格尔：《小逻辑》，贺麟译，商务印书馆 1980 年版，第 131 页。
③《马克思恩格斯选集》（第二卷），人民出版社 2012 年版，第 93 页。

观性。"①在黑格尔看来，辩证法是客观的，作为技艺的辩证法只不过是对客观辩证法的不自觉的主观运用。黑格尔是观念论者，黑格尔所说的客观是指概念、思想的客观。因此，以观念论原则解读，黑格尔哲学的辩证法首先是概念辩证法。这也是马克思认为他的辩证方法与黑格尔的辩论法截然相反的根本原因所在：因为马克思以唯物论原则把辩证法理解为客观事物的辩证法。下面这段话是黑格尔关于概念辩证法的表述：

"概念的运动原则不仅消溶而且产生普遍物的特殊化，我把这个原则叫做辩证法。……更高级的概念辩证法不仅在于产出作为界限和相反东西的规定，而且在于产出并把握这种规定的肯定内容和成果。只有这样，辩证法才是发展和内在的进展。其次，这种辩证法不是主观思维的外部活动，而是内容固有的灵魂，它有机地长出它的枝叶和果实来。……合乎理性地考察事物，不是指给对象从外面带来理性，并对它进行加工制造，而是说对象就它本身说来是合乎理性的。……科学的唯一任务就在于把事物的理性的这种特有工作带给意识。"②这里明确说到概念的运动原则叫作辩证法。辩证法是概念固有的灵魂，是对象本身的理性法则，也就是说是客观的法则。

黑格尔认为，辩证法不仅是概念运动的原则，也是人们思维、陈述概念运动的方法。"哲学的陈述，为了忠实于它对思辨的东西的本性的认识，必须保存辩证的形式，并且避免夹杂一切没被概念地理解的和不是概念的东西。"③这是说，哲学是以辩证的形式对概念的陈述。这既表明黑格尔的辩证法是概念辩证法，又表明辩证法是陈述概念的方法。在黑格尔看来，只有辩证（思辨）的思维才是哲

---

① 黑格尔：《逻辑学》（下），杨一之译，商务印书馆1976年版，第537-538页。
② 黑格尔：《法哲学原理》，范扬、张企泰译，商务印书馆1961年版，第38-39页。
③ 黑格尔：《精神现象学》（上），贺麟、王玖兴译，商务印书馆1979年第2版，第45页。

学的思维，它所特有的普遍形式就是概念。"所以，凡是志在弥补这种缺陷以达到真正必然性的知识的反思，就是思辨的思维，亦即真正的哲学思维。这种足以达到真正必然性的反思，就其为一种反思而言，与上面所讲的那种抽象的反思有共同点，但同时又有区别。这种思辨思维所特有的普遍形式，就是概念。"①

根据黑格尔哲学的观念论原则，举凡世间事物，其本质莫不是概念。既然辩证法是概念运动的原则，那当然也是世界上一切事物运动的法则，因为世界事物都是概念运动外化的产物。黑格尔说：

> 举凡环绕着我们的一切事物，都可以认作是辩证法的例证。我们知道，一切有限之物并不是坚定不移，究竟至极的，而毋宁是变化、消逝的。而有限事物的变化消逝不外是有限事物的辩证法。……当我们说，"一切事物（亦即指一切有限事物）都注定了免不掉矛盾"这话时，我们确见到了矛盾是一普遍而无法抵抗的力量，在这个大力之前，无论表面上如何稳定坚固的事物，没有一个能够持久不摇。……此外，自然世界和精神世界的一切特殊领域和特殊形态，也莫不受辩证法的支配。②

所以，就不难理解，仅从字面上看，黑格尔和马克思都认为辩证法是世界事物运动的客观法则，似乎两人的观点相同。其实，两者观点正如马克思所说"截然相反"，一个是概念辩证法，一个是物质辩证法。因此，把握黑格尔哲学的辩证法，首先要知道它是概念辩证法。

---

① 黑格尔：《小逻辑》，贺麟译，商务印书馆 1980 年版，第 48-49 页，导言。
② 黑格尔：《小逻辑》，贺麟译，商务印书馆 1980 年版，第 179 页。

二、以实体即主体原则解读黑格尔的辩证法

黑格尔哲学的实体即主体原则是实体自己运动的原则。根据实体即主体原则，结合原文，黑格尔哲学的辩证法可以做以下解读。

（一）辩证法是概念自己运动的法则

黑格尔哲学的辩证法是概念自己运动的法则，不是概念受外力作用而运动的法则。

黑格尔认为，他的哲学是辩证的，因为真实的理念本身是辩证的。辩证的就是变化的，从这个意义上说，辩证法叫作变证法更恰当。"哲学是辩证的，这个辩证法就是变化：作为抽象理念的理念是惰性的、存在的，但是理念之为真实，只是当它理解到自己是活生生的东西的时候；这也就是说，理念本身是辩证的，这样才能够扬弃那种静止，那种惰性。"①

黑格尔认为，辩证法就是（存在者的）运动，运动就是存在者的辩证法；自身运动者具有辩证法于自身内。"辩证法之所以首先向运动攻击，其原因即在于辩证法本身就是这种运动，或者运动本身就是一切存在者的辩证法。一个东西，作为自身运动者，具有辩证法于自身内，而运动就是：自己成为对方，扬弃自己。"②

黑格尔认为，概念自己运动的辩证法是一种内在超越，所以它能真正超出知性的有限，使概念达到必然性和统一。"反之，辩证法却是一种内在的超越，由于这种内在的超越过程，知性概念的片面性和局限性的本来面目，即知性概念的自身否定性就表述出来了。凡有限之物莫不扬弃其自身。因此，辩证法构成科学进展的推动的

---

① 黑格尔：《哲学史讲演录》（第三卷），贺麟、王太庆译，商务印书馆1959年版，第108页。
② 黑格尔：《哲学史讲演录》（第一卷），贺麟、王太庆译，商务印书馆1959年版，第281页。

灵魂。只有通过辩证法原则，科学内容才达到内在联系和必然性，并且只有在辩证法里，一般才包含有真实的超出有限，而不只是外在的超出有限。"①

（二）辩证法的本质是辩证的否定

黑格尔说："引导概念自己向前的，就是前述的否定的东西，它是概念自身所具有的；这个否定的东西构成了真正辩证的东西。"②又说："多样性的东西，只有相互被推到矛盾的尖端，才是活泼生动的，才会在矛盾中获得否定性，而否定性则是自己运动和生命力的内在脉搏。"③因此，"认识到思维自身的本性即是辩证法，认识到思维作为理智必陷于矛盾、必自己否定其自身这一根本见解，构成逻辑学上一个主要的课题"④。

可见，（辩证的）否定是辩证法的本质。其实，运动的本质就是不断的否定，而辩证法是运动的法则，所以辩证法的本质是否定。

黑格尔辩证法的否定是辩证的否定，即包含肯定的否定，也即扬弃。对辩证的否定，黑格尔有这样的阐述：

"为了争取科学的进展——为了在基本上努力于对这件事有十分单纯的明见——唯一的事就是要认识以下的逻辑命题，即：否定的东西也同样是肯定的；或说，自相矛盾的东西并不消解为零，消解为抽象的无，而是基本上仅仅消解为它的特殊内容的否定；或说，这样一个否定并非全盘否定，而是自行消解的被规定的事情的否定，因而是规定了的否定；于是，在结果中，本质上就包含着结果所从出的东西；——这原是一个同语反复，因为否则它就会是一个直接

---

① 黑格尔：《小逻辑》，贺麟译，商务印书馆1980年版，第176-177页。
② 黑格尔：《逻辑学》（上），杨一之译，商务印书馆1966年版，第38页，导论。
③ 黑格尔：《逻辑学》（下），杨一之译，商务印书馆1976年版，第69页。
④ 黑格尔：《小逻辑》，贺麟译，商务印书馆1980年版，第51页，导言。

的东西，而不是一个结果。由于这个产生结果的东西，这个否定是一个规定了的否定，它就有了一个内容。它是一个新的概念，但比先行的概念更高、更丰富；因为它由于成了先行概念的否定或对立物而变得更丰富了，所以它包含着先行的概念，但又比先行概念更多一些，并且是它和它的对立物的统一。——概念的系统，一般就是按照这条途径构成的，——并且是在一个不可遏止的、纯粹的、无求于外的过程中完成的。"①

简言之，辩证的否定是规定了的否定，是包含肯定的否定，在否定的结果中，已包含被否定的东西，但又比被否定的东西更高、更多、更丰富，是它和它的被否定的东西的统一。

辩证的否定是不断进行的，因为运动是不断进行的。所谓否定之否定，不过是指经过两次否定后，概念运动好像终点回到起点，表现为一个圆圈，一个相对完整的环节。

"上面考察过的否定性，构成概念运动的转折点。这个否定性是自身的否定关系的单纯之点，是一切活动——生命的和精神的自身运动——最内在的源泉，是辩证法的灵魂，一切真的东西本身都具有它，并且唯有通过它才是真的；因为概念和实在之间对立的扬弃，以及成为真理的那个统一，都唯一地依靠这种主观性。——第二个否定的东西，即我们所达到的否定的否定，是上述矛盾的扬弃；但是这种扬弃，和矛盾一样，并不是一种外在反思的行动，而是生命和精神最内在、最客观的环节，由于它，才有主体、个人、自由的主体。"②

这段话中的"主观性"应该理解为"主体性"。这里也讲到，否定性是辩证法的灵魂，即辩证法的本质。

① 黑格尔:《逻辑学》（上），杨一之译，商务印书馆1966年版，第36页，导论。
② 黑格尔:《逻辑学》（下），杨一之译，商务印书馆1976年版，第543页。

（三）辩证法也体现为概念的反思关系

黑格尔哲学的实体即主体原则和辩证法，都是对概念的运动而言的，大致贯穿着黑格尔的全部哲学。但是唯有逻辑学第二篇本质论，讲的不是概念的运动，而是概念的反思，即静态地对存在论中的概念的自身反思。"本质的观点一般地讲来即是反思的观点。"①辩证法是概念运动的法则，但当截取运动的一个切面时，概念在切面上的反思关系也体现出辩证关系。马克思主义哲学原理的辩证法，除了讲三个基本规律，还讲世界的普遍联系和一系列成对（通常是基本的五对）辩证范畴，这部分内容以及对对立统一规律的概括，在直接理论来源上就是来自黑格尔哲学的逻辑学中的本质论。

关于本质，黑格尔说："本质是设定起来的概念，本质中的各个规定只是相对的，还没有完全返回到概念本身；因此，在本质中概念还不是自为的。……——因此本质是映现在自身中的存在。"②这里说本质是设立起来的概念，还不是自为的。"设立起来的概念"，就说明单纯的本质自身没有独立性；"还不是自为的"，说明本质不是主体，还没有运动起来。

但是，本质是存在概念经过否定之否定（动态）后达到的，因此本质的反思关系（静态）也体现了辩证法。"但是这种否定性既不是外在于存在，而是存在自身的辩证法，因此，本质是存在的真理，是自己过去了的或内在的存在。反思作用或自身映现构成本质与直接存在的区别，是本质本身特有的规定。"③在本质里，各范畴的相互联系就是辩证关系的体现。黑格尔说：

在本质里，各范畴已不复过渡，而只是相互联系。在

---

① 黑格尔：《小逻辑》，贺麟译，商务印书馆 1980 年版，第 242 页。
② 黑格尔：《小逻辑》，贺麟译，商务印书馆 1980 年版，第 241 页。
③ 黑格尔：《小逻辑》，贺麟译，商务印书馆 1980 年版，第 241-242 页。

存在里，联系的形式只是我们的反思；反之，在本质阶段里，联系则是本质自己特有的规定。在存在的范围里，当某物成为别物时，从而某物便消逝了。但在本质里，却不是如此。在这里，我们没有真正的别物或对方，而只有差异，一个东西与它的对方的联系。所以本质的过渡同时并不是过渡。因为在由差异的东西过渡到差异的东西里，差异的东西并未消逝，而是仍然停留在它们的联系里。……在存在的范围里，各范畴之间的联系只是潜在的，反之，在本质里，各范畴之间的联系便明显地设定起来了。一般说来，这就是存在的形式与本质的形式的区别。在存在里，一切都是直接的，反之，在本质里，一切都是相对的。①

在本质里，联系是本质自己特有的规定，一切都是相对的。你中有我，我中有你，这是对立统一关系，即辩证关系。

三、以思维与存在同一原则解读黑格尔的辩证法

根据黑格尔哲学的思维与存在同一原则，思维是世界的本质，存在是思维的产物，思维与存在同一于思维。如果说实体即主体原则是一个偏向动态概括的原则，那么思维与存在同一原则就是一个偏向静态概括的原则。其实，实体即主体原则也贯彻了思维与存在同一原则，反过来，思维与存在同一原则也贯彻了实体即主体原则。思维与存在同一，是包含差别和对立的同一，而差别和对立就是主体建立起来的。根据思维与存在同一原则，结合黑格尔哲学的原文，可以对黑格尔哲学的辩证法做以下解读。

---

① 黑格尔：《小逻辑》，贺麟译，商务印书馆 1980 年版，第 240 页。

（一）辩证法的对立统一就是万变不离其宗

前面讲到辩证法的本质是辩证的否定，这主要是从动态角度分析；如果主要从静态角度分析，也可以说辩证法的本质是对立，因为辩证否定（动态）的结果（静态）呈现为否定物和被否定物的对立（差异）。辩证的否定是既克服又保留，克服就是制造对立和差异，保留就是维持统一，所以辩证的否定就是对立统一。从思维与存在同一原则看，辩证法的对立是万变之源（对立是辩证否定的结果又是辩证否定的原因），辩证法的统一是其宗，对立统一就是万变不离其宗。对立始终是统一之内的对立，万变始终是其宗之内的万变。打个比方说，万变（对立）就是孙悟空的跟斗，其宗（统一）就是如来佛的掌心，孙悟空翻跟斗始终翻不出如来佛的掌心。从对立统一本身看，对立与统一同等重要，没有轻重之分。这不是二元论，而是它们本身是辩证关系，是对立统一关系。对立的意义在于统一，统一的意义在于对立；没有统一的对立不成其为对立，对立会瓦解；没有对立的统一是抽象的没有内容的统一，没有内容的统一不成其为真实的统一（存在）。关于辩证法的对立与统一，黑格尔认为：

"理性矛盾的真正积极意义，在于认识一切现实之物都包含有相反的规定于自身。因此认识甚或把握一个对象，正在于意识到这个对象作为相反的规定之具体的统一。"[①]这里是说，理性矛盾的要义在于认识到现实之物（对象）都包含对立统一。

"或者直接地就是本质的差别，作为自在自为的差别，只是自己与自己本身有差别，因此便包含有同一。所以在整个自在自为地存在着的差别中既包含有差别本身，又包含有同一性。作为自我联系的差别，同时也可说是自我同一。"[②]这里是说，差别（对立）与同

---

① 黑格尔：《小逻辑》，贺麟译，商务印书馆 1980 年版，第 133 页。
② 黑格尔：《小逻辑》，贺麟译，商务印书馆 1980 年版，第 259 页。

一的关系本身是对立统一关系。

（二）对立是辩证法的本质

在对立与统一的辩证关系中，说对立与统一同等重要，是从辩证法作为考察对象来看的。但如果进入辩证法内部，把对立与统一分别作为对象来考察，则对立与统一的作用和意义有所区别。对立，侧重的是辩证法的内容；统一，侧重的是辩证法的基点和目标。从辩证法的内容看，对立是辩证法的本质。对此，黑格尔直接地说："真正讲来，对立是绝对的形式，是绝对运动的本质环节。"①此外，黑格尔还曾用缓和的语气说到对立（矛盾）在辩证法中的本质地位："但是，矛盾似乎并不像同一那样是本质的和内在的规定，这是自古以来的逻辑和普通的观念的根本成见之一；是呀！假如要谈到高低的次序，并把这两个规定分别固定下来，那么，就必须承认矛盾是更深刻的、更本质的东西。因为同一与矛盾相比，不过是单纯直接物、僵死之有的规定，而矛盾则是一切运动和生命力的根源；事物只因为自身具有矛盾，它才会运动，才具有动力和活动。"②这里所说的矛盾是狭义的，即对立的意思；广义的矛盾就是对立统一。这段话认为，矛盾（对立）是比同一更深刻、更本质的东西。

（三）统一是辩证法的逻辑基点和目标

如果说对立是黑格尔哲学辩证法的本质，那么统一便是其辩证法的逻辑基点和目标。对立被规定得那么高，其实它所做一切都是为了经营这个统一，它知道它之所以能施展抱负，是因为它始终站在统一的基点上。因之统一就是对立辛苦劳作奋斗的目标，一

---

① 黑格尔：《哲学史讲演录》（第四卷），贺麟、王太庆译，商务印书馆 1978 年版，第377 页。
② 黑格尔：《逻辑学》（下），杨一之译，商务印书馆 1976 年版，第 66 页。

路上有统一这个目标做指引，对立才不辞辛劳。根据思维与存在同一原则，统一不仅是对立的目标，也是全部黑格尔哲学的目标。黑格尔哲学作为彻底的一元论哲学，追求的就是世界的统一性，这个统一的东西就是绝对精神，黑格尔有时也称之为上帝——不动（统一）的推动（制造对立）者。从那个角度，黑格尔高度肯定对立；从这个角度，黑格尔又更加肯定统一。试看黑格尔对统一的高度肯定：

"凡是配得上哲学这一名称的学说，总是以绝对统一的意识为基础，这种统一的意识只有在理智看来才是分离的。"①这里，黑格尔认为绝对统一的意识是哲学的基础，否则不配哲学这一名称。从中可以推论出，统一是对立的基点。

"……在统一中认识对立，在对立中认识统一，这就是绝对知识，而科学就是在它的整个发展中通过它自身认识这统一。"②这里，黑格尔把对立看作统一的环节，而统一是对立的基点和目标，而且科学（即哲学）就是为了认识统一。

实际上，黑格尔哲学的辩证法的"对立"与"统一"是不分孰轻孰重的，但若分别予以考察，黑格尔还是认为统一地位更高。

第三节　黑格尔哲学的真理观

黑格尔认为，"哲学是关于真理的客观科学，是对于真理之必然性的科学，……"③"因为哲学的目的在于认识那不变的、永恒的、

---

① 黑格尔：《小逻辑》，贺麟译，商务印书馆1980年版，第400页。
② 黑格尔：《哲学史讲演录》（第四卷），贺麟、王太庆译，商务印书馆1978年，第377页。
③ 黑格尔：《哲学史讲演录》（第一卷），贺麟、王太庆译，商务印书馆1959年，第17-18页。

自在自为的。它的目的是真理。"①所以，真理是他的逻辑学的对象。"第一问题是：什么是逻辑学的对象？对于这个问题的最简单、最明了的答复是，真理就是逻辑学的对象。"②"真理不仅应是哲学所追求的目标，而且应是哲学研究的绝对对象。"③"因此，逻辑学的职务也可以说是在于考察思维规定把握真理的能力和限度。"④

　　不仅如此，黑格尔还认为，其他学科的真理只有当它有哲学（真理）的根据或由哲学产生出来的时候才配得上真理这个名称。"哲学时常被人视为是一种形式的、空无内容的知识；人们完全没认识到，在任何一门知识或科学里按其内容来说可以称之为真理的东西，也只有当它由哲学产生出来的时候，才配得上真理这个名称；人们完全没认识到，其他的科学，它们虽然可以照它们所愿望的那样不要哲学而只靠推理来进行研究，但如果没有哲学，它们在其自身是不能有生命、精神、真理的。"⑤这段话表明真理是个崇高的名称，哲学真理是最高真理，但也透露出黑格尔把哲学看作科学的观点——就哲学研究的真理是最普遍的真理而言，这个观点是有道理的，问题在于哲学有没有达到真理和科学。

　　黑格尔上述观点足以表明，真理是黑格尔哲学的重要内容。因此，本文把黑格尔哲学的真理观列为以三个原则解读黑格尔哲学的一个范例。

　　黑格尔哲学的三个原则首先并且主要是本体论意义上的原则，但同时也是认识论意义上的原则。一般说来，真理不仅是认识论意义上的概念，也是本体论意义上的概念，因为，真的东西才是真正

---

① 黑格尔：《哲学史讲演录》（第一卷），贺麟、王太庆译，商务印书馆1959年版，第13页。
② 黑格尔：《小逻辑》，贺麟译，商务印书馆1980年版，第46页。
③ 黑格尔：《小逻辑》，贺麟译，商务印书馆1980年版，第93页。
④ 黑格尔：《小逻辑》，贺麟译，商务印书馆1980年版，第86-87页。
⑤ 黑格尔：《精神现象学》（上），贺麟、王玖兴译，商务印书馆1979年第2版，第46页。

存在（现实）的，存在的东西才是真的。但是，真理在黑格尔哲学中首先是一个本体论意义的概念，关于这点，下文会做具体阐释。所以，三个原则作为黑格尔哲学的基本原则，可以用来解读黑格尔哲学的真理观。下面结合原文，分别以三个原则依次对黑格尔哲学的真理观做简要解读。

一、以观念论原则解读黑格尔哲学的真理观

（一）真理首先是一个本体论意义上的概念

根据黑格尔的观念论原则，理念、真理、现实三者是统一的，都具有本体意义，可以互相等同。

"凡是不合理性的东西，它就没有真理，换句话说，凡没经概念把握的东西，就不存在；……"①这里，真理、概念、存在，三者同一。

"但是一切现实的事物，只要它们是真的，也就是理念。而且一切现实事物之所以具有真理性，都只是通过理念并依据理念的力量。"②这里，现实、真理、理念，三者同一。

可见，真理在黑格尔哲学中首先是个本体论意义上的概念。既然如此，真理就是客观的，是客观的思想。"根据上节所说，客观思想一词最能够表明真理，……"③

有限事物（定在）和人们对有限事物的观念（表象）都不是真理。"但是，那要把定在和表象的这类非真实东西认作真理，把有缺陷的东西认作事物的本性的，并不是哲学。"④有限事物与其概念不符（所以有限事物走向毁灭），而表象是主观的，所以两者都不是真

---

① 黑格尔：《精神现象学》（下），贺麟、王玖兴译，商务印书馆1979年版，第86页。
② 黑格尔：《小逻辑》，贺麟译，商务印书馆1980年版，第397-398页。
③ 黑格尔：《小逻辑》，贺麟译，商务印书馆1980年版，第93页。
④ 黑格尔：《哲学全书·第三部分·精神哲学》，杨祖陶译，人民出版社2006年版，第249页。

理。黑格尔举例解释说："在这里，一般地必须记着，在哲学讨论里'不真'一词，并不是指不真的事物不存在。一个坏的政府，一个有病的身体，也许老是在那里存在着。但这些东西却是不真的，因为它们的概念和它们的实在彼此不相符合。"①前面说过，现实与实存是不同的。有限事物实存着，但没有现实性。现实和理念是等同的。现实是普遍的东西，而不是感性实存。

黑格尔的真理观并不否认外在世界的真实性，因为理念就内在于外在世界之中，只是否认人们感官感觉到的世界的真实性，因为理念不是感官能把握到的。"那外在世界本身是真实的，因为真理是现实的，而且是必定有实际存在的。所以理性所寻求的无限原则是内在于这世界之中的，不过在感官所见的个别形象里，不足以表现其真正面目罢了。"②这里"本身"即本质的意思，外在世界本身是真实的即外在世界的本质是真实的，因为理念（本质）内在于外在世界。不过，外在世界没有完全的真实性，因为它始终与概念不完全相符。

（二）真理是对象与其概念相符合

了解黑格尔哲学的真理首先是一个本体论意义上的概念，就不难理解，真理是对象与其概念相符合。"反之，真理基于对象与它自己本身相符合，亦即与它的概念相符合。"③"在刚才所解释的意义下，把真理认作自身的符合，构成逻辑学的真正兴趣。"④

本体论意义上的真理概念是一个客观概念，人们普通认识中的真理概念是一个主观概念。"如果说真理在主观意义上是观念和对象的一致，那么在客观意义上真实的东西则意味着客体、事物同其自

---

① 黑格尔：《小逻辑》，贺麟译，商务印书馆1980年版，第282页。
② 黑格尔：《小逻辑》，贺麟译，商务印书馆1980年版，第113页。
③ 黑格尔：《小逻辑》，贺麟译，商务印书馆1980年版，第345页。
④ 黑格尔：《小逻辑》，贺麟译，商务印书馆1980年版，第86页。

身的一致，意味着客体和事物的实在性符合于它们的概念。"①

黑格尔多次谈到不要把他的真理概念与人们通常意识的真理观念混淆：

"通常我们总是认为我们的表象与一个对象相符合叫做真理。这说法预先假定有一个对象，我们的表象应与这对象相符合。但反之，从哲学的意义来看，概括地抽象地讲来，真理就是思想的内容与其自身的符合。"②黑格尔的意思是说，所谓认识的对象其实也是一个表象，不是客观的对象，只有思想的东西才是客观对象；既然对象也是一个表象，所以称之为假定（客观）对象。这显示黑格尔力图纠正经验论的真理观。经验论者，如洛克、贝克莱、休谟、康德，大致都认为人们认识的对象其实是个主观表象。

"人们最初把真理了解为：我知道某物是如何存在的。不过这只是与意识相联系的真理，或者只是形式的真理，只是'不错罢了'。按照较深的意义来说，真理就在于客观性和概念的同一。"③这里的客观性指客观思想，它内在于外在世界。黑格尔认为，通常人们与意识相联系的真理，只是形式上的真理，有着实用价值。

（三）纯粹思维是认识真理的形式

在黑格尔哲学中，概念自己实现自己的过程，也是概念自己认识自己的过程，两者是同一客观过程。而人们的认识活动，只是概念进展到主观精神阶段的产物，是概念运动到一定阶段的主观表现，所以要把概念自身的认识活动和人们的认识活动区别开来。人们的意识只有达到概念（理性）阶段，才能认识真理，这是一个漫长过程，《精神现象学》就是对这一过程的阐述。不论是概念（真理）对

---

① 黑格尔：《自然哲学》，梁志学等译，商务印书馆1980年版，第19页。
② 黑格尔：《小逻辑》，贺麟译，商务印书馆1980年版，第86页。
③ 黑格尔：《小逻辑》，贺麟译，商务印书馆1980年版，第399页。

自身的认识，还是人们对真理的认识，纯粹思维（概念）都是认识真理的唯一方式。黑格尔说：

> 我们可以用种种不同的方式去认识真理，而每一种认识的方式，只可认作一种思想的形式。我们总是首先通过经验去认识真理，……此外还有一种认识真理的方法，就是反思，反思的方式用思想的关系来规定真理，但这两种方式还不是表述自在自为的真理的真正形式。认识真理最完善的方式，就是思维的纯粹形式。[1]

黑格尔承认人们获得思想始于经验。"不错，人之获得思想，是从经验开始。一切都必须通过经验，不仅是感性的东西，而且举凡决定和激动我的心灵的东西也必须通过经验。……如果说，我知道某物，而这物又不在经验中，这是荒谬的。"[2]但是经验获得的是单纯表象。"单纯的表象不在确定性和真理之间作出区别。凡是它确信的东西，即凡是它认作是一个与客体一致符合的主观东西，它就把这个东西称之为真的，不管这个主观东西的内容是如何微不足道和恶劣。"[3]这段话的确指出了经验符合的真理观的缺陷。

黑格尔认为经验是盲目的，但也会不自觉地取得成功，这成功背后的原因是经验在盲目中偶然符合概念，这就恰好证明只有概念才是客观的东西。"……但是，经验、试验和观察并不知道自己真正在做什么，并不知道自己考察事物的唯一目的恰恰在于理性的内在的、不自觉的确认，确认它在现实中发现了它自己。观察和试验如

---

① 黑格尔：《小逻辑》，贺麟译，商务印书馆 1980 年版，第 87 页。
② 黑格尔：《哲学史讲演录》（第四卷），贺麟、王太庆译，商务印书馆 1978 年版，第 146 页。
③ 黑格尔：《哲学全书·第三部分·精神哲学》，杨祖陶译，人民出版社 2006 年版，第 209 页。

果得到正确的处理，就正好证明只有概念才是客观的东西。"①

因此，真正讲来，只有纯粹思维是认识真理的方式。

二、以实体即主体原则解读黑格尔哲学的真理观

按照实体即主体原则，哲学是概念自己运动、自己展开、自己实现的过程和体系。根据这一原则，结合原文，可以把真理解读为以下四点。

（一）真理是过程

黑格尔认为，真理本质上是主体，是辩证运动，因而是过程。"……诚然，命题应该表述真理，但真理在本质上乃是主体；作为主体，真理只不过是辩证运动，只不过是这个产生其自身的、发展其自身并返回于其自身的进程。"②过程真理是动态的真理，而理智的真理是静态的真理。只有在过程中，理念才不断建立对立又克服对立，达到自身同一。因此，"那最后达到的见解是：构成理念的内容和意义的，乃是整个展开的过程"③。所以，真理是过程。

（二）真理是具体

真理既然是过程，就不难理解真理是过程的每一环节，是由许多具体内容构成的。"所以对于单纯的抽象概念或形式思想，哲学简直毫不相干涉，哲学所从事的只是具体的思想。"④崇尚具体，反对抽象，是黑格尔哲学的重要特点，这与黑格尔哲学的现实性特征是

---

① 黑格尔：《哲学史讲演录》（第四卷），贺麟、王太庆译，商务印书馆1978年版，第25页。
② 黑格尔：《精神现象学》（上），贺麟、王玖兴译，商务印书馆1979年第2版，第44页。
③ 黑格尔：《小逻辑》，贺麟译，商务印书馆1980年版，第423页。
④ 黑格尔：《小逻辑》，贺麟译，商务印书馆1980年版，第182页。

一致的。黑格尔认为，抽象是知性的特点和弱点，具体是理性的特点和优点；概念始终处于运动中，所以是具体的、现实的。黑格尔甚至厌恶抽象地谈论本质："就是这样一些高尚的哲学家，认为他们在本质中得到了真理，他们不厌其烦地谈论本质，似乎这就是内在的东西和真正的东西！我根本不想对他们的'本质说'表示敬意，因为它只不过是一种抽象的反思而已。要阐明本质，就是要使它表现为特定存在。"①所以，真理是具体。

（三）真理是现实

真理既然是具体的，就不难理解真理是现实。真理的具体和现实，是理念的具体和现实，而不是有限事物的具体和现实。在黑格尔哲学中，现实的才是真正存在的；真理是现实的，所以真理是存在，存在是真理。"凡普遍有价值的，也是普遍有效率的；凡应该存在的，事实上也是存在的，但仅只应该存在而并不存在的东西，就没有任何真理性。"②这里，普遍有价值的就是合乎理性的，应该的也是指合乎理性的；合乎理性的，就是存在的，就是真理。

不过，现实是指真理至少完成一个否定之否定，即完成一个圆圈过程的终点。"真理就是它自己的完成过程，就是这样一个圆圈，预悬它的终点为目的并以它的终点为起点，而且只当它实现了并达到了它的终点它才是现实的。"③

辩证的否定，是不断否定之否定的过程。因此，现实是不断从一个现实走向另一个现实，真理是不断从一个真理走向另一个真理。

---

① 黑格尔:《自然哲学》，梁志学等译，商务印书馆 1980 年版，第 598 页。
② 黑格尔:《精神现象学》（上），贺麟、王玖兴译，商务印书馆 1979 年第 2 版，第 167 页。
③ 黑格尔:《精神现象学》（上），贺麟、王玖兴译，商务印书馆 1979 年第 2 版，第 11 页。

（四）真理是全体

既然真理是过程，就不难理解真理是一个体系，真理是全体。"关于理念或绝对的科学，本质上应是一个体系，因为真理作为具体的，它必定是在自身中展开其自身，而且必定是联系在一起和保持在一起的统一体，换言之，真理就是全体。"①就像反对抽象一样，黑格尔反对片面；片面也是知性思维的结果，也是各种对立的根源。体系的各个环节，只有片面的或部分的真理，只有全体才是真理。全体可以理解为体系，也可以理解为结果、终点。"真理是全体。但全体只是通过自身发展而达于完满的那种本质。关于绝对，我们可以说，它本质上是个结果，它只有到终点才真正成为它之所以为它；而它的本性恰恰就在这里，因为按照它的本性，它是现实、主体、或自我形成。"②

黑格尔哲学的终点并不是绝对意义上的，体系也不是封闭意义上的，只能理解为一个否定之否定或若干个否定之否定，或用黑格尔的比喻说，理解为一个圆圈或一串圆圈；因为，否定本身是不断的，无限的。黑格尔哲学本身也没有终点，不是封闭体系；说黑格尔哲学是有终点的封闭体系，没有原文依据。

三、以思维与存在同一原则解读黑格尔哲学的真理观

按照黑格尔哲学的思维与存在同一原则，思维与存在同一是包含差别和对立的同一；思维与存在同一不是中和，而是同一于思维。思维与存在同一，其实质是精神与精神同一，是精神内部的同一。思维是未发之精神，存在是已发之精神，同一之精神就是未发精神和已发精神之统一。根据思维与存在同一原则，结合原文，可以将

---

① 黑格尔：《小逻辑》，贺麟译，商务印书馆1980年版，第56页，导言。
② 黑格尔：《精神现象学》（上），贺麟、王玖兴译，商务印书馆1979年第2版，第12页。

真理解读为以下两点。

（一）真理是理性与现实的和解

在黑格尔哲学中，理性与现实是同等程度的概念，在真理意义上可以等同；黑格尔"两个凡是"的名言就是讲两者等同的。但是概念有未发与已发之差异（对立），而真理最忌讳的是（僵固的）对立和片面；所以，真理是概念（理性）与现实的和解。"但客观思想一词立即提示出一种对立，甚至可以说，现时哲学观点的主要兴趣，均在于说明思想与客观对立的性质和效用，而且关于真理的问题，以及关于认识真理是否可能的问题，也都围绕思想与客观的对立问题而旋转。"①这就是说，未发之思想的客观，还是抽象的客观思想；已发之思想，即统摄对立在自身之内的思想，也即与对立和解的思想，才是具体的客观思想，才达到现实。

"简言之，哲学的内容就是现实。……对于这个同一内容的意识，哲学与别的认识方式，既然仅有形式上的区别，所以哲学必然与现实和经验相一致。甚至可以说，哲学与经验的一致至少可以看成是考验哲学真理的外在的试金石。同样也可以说，哲学的最高目的就在于确认思想与经验的一致，并达到自觉的理性与存在于事物中的理性的和解，亦即达到理性与现实的和解。"②

这段话集中体现黑格尔哲学注重现实和经验的特征，这是其他唯心论哲学做不到或试图做而没有做到的。但这段话也容易引起误解，好像黑格尔是个唯物经验论者。黑格尔这里说哲学、思想与经验一致，不是指哲学、思想要符合经验，恰恰相反，而是经验要符合哲学、思想；经验的成功恰好不过证明只有符合哲学、思想的经验才是有效的经验。在黑格尔看来，经验本身是盲目的；但现实生

---

① 黑格尔：《小逻辑》，贺麟译，商务印书馆 1980 年版，第 93 页。
② 黑格尔：《小逻辑》，贺麟译，商务印书馆 1980 年版，第 43 页，导言。

活中，凡是有效的、行得通的经验，无不因暗合了理念（思想）方已然。所以黑格尔说，哲学的最高目的就在于确认思想与经验的一致，并达到理性与现实的和解。

可见，以思维与存在同一原则来看，真理是理性与现实的和解。

（二）真理是对立面的统一

思维与存在同一是包含差异和对立的同一，也是黑格尔哲学中最高层次的对立同一，其他的对立统一的矛盾都从属于它或包含于它之内。思维与存在同一是黑格尔哲学的一个原则，也是真理；推而广之，其他各种矛盾的同一（统一）就也是真理，反过来说，则各种矛盾的真理就是对立面的统一（同一）。

"但是逻辑学所推出的毋宁正是上述说法的反面，即：凡仅仅是主观的主观性，仅仅是有限的有限性，仅仅是无限的无限性以及类似的东西，都没有真理性，都自相矛盾，都会过渡到自己的反面。因此在这种过渡过程中和在两极端之被扬弃成为假相或环节的统一性中，理念便启示其自身作为它们的真理。"①这是从矛盾双方的过渡来说，只有统一才是真理。

"既然两个对立面每一个都在自身那里包含着另一个，没有这一方也就不可能设想另一方，那么，其结果就是：这些规定，单独看来都没有真理，唯有它们的统一才有真理。这是对它们的真正的、辩证的看法，也是它们的真正的结果。"②这是从矛盾双方的映现来说，只有统一才是真理。

可见，以思维与存在同一原则看，真理是对立面的统一。

不过黑格尔提醒，讲两者统一时不要忽略了区别（对立），否则仍是片面的命题。"因此思辨的真理也是决不能用片面的命题去表述

① 黑格尔：《小逻辑》，贺麟译，商务印书馆1980年版，第401页。
② 黑格尔：《逻辑学》（上），杨一之译，商务印书馆1966年版，第208页。

的。譬如，我们说，绝对是主观与客观的统一。这话诚然不错，但仍然不免于片面，因为这里只说到绝对的统一性，也只着重绝对的统一性，而忽略了，事实上在绝对里主观与客观不仅是同一的，而又是有区别的。"①

---

① 黑格尔:《小逻辑》，贺麟译，商务印书馆 1980 年版，第 183 页。

结　语

　　和亚里士多德一样，黑格尔是百科全书式哲学家，他的哲学囊括整个世界，他的著作内容无所不包，他似乎无所不知。生有涯而知无涯，在知识的媒体远不如今天发达的黑格尔所处的时代，在他并不长的 61 岁生命时光中，他是怎么获取大量知识并对它们加工思考写作的呢？这不能不令人感叹和钦佩。黑格尔似乎把人间知识和智慧都说尽了，似乎没有给他人和后人留下发挥的余地，也因此似乎显得有点狂妄自负。黑格尔在阐述他的知识（哲学）体系和见解时，其内容本身自然流露出学阀气势。但从以下两段文字看，黑格尔并不自负，也不认为自己取得了什么了不起的成就。

　　"……因而精神的全部事业中属于个人活动范围的那一部分，只能是微不足道的。因为这种情况，作者个人就必须如科学的性质所已表明的那样，更加忘我，从而成为他能够成的人，做出他能够做的事；但是，正如个人对自己不作奢望，为自己不多要求一样，人们对于作者个人也必须力避要求过多。"[1]黑格尔在这里的意思是说，个人的事业（无论多么伟大）相对于精神的事业来说是微不足道的，但他已经尽力做了该做的事，他个人的奢望不应超出他的能力的限度，他人也不要苛求他太多。

　　"我们必须首先超出琐屑的个别意见、思想、反对意见和困难，其次超出自己的虚骄之气，好像我们作为个人曾经想出了什么了

---

　　[1] 黑格尔：《精神现象学》（上），贺麟、王玖兴译，商务印书馆 1979 年第 2 版，第 50 页。

不起的东西似的。因为把握住内在的实体性的精神，这乃是个人的观点；作为全体中的部分，个人就像瞎子一样，他乃是各全体的内在精神驱使着前进的。"①这里除了表明黑格尔理性地看待个人的事业成就，还显示出这样的意思：人本身也受理念支配，人尽管可以认识理念，但和理念（的威力）比起来，人（的力量）是微不足道的。

尽管黑格尔自己建构了一个庞大的哲学体系，但他对任意构造体系的弊端是有所认识的。"通常德意志人是最后想起他们自己，这要么是出于谦虚，要么是因为我们把最好的留给最后的。我们作为深刻的、然而常常是晦涩的思想家著称；我们想理解事物的最深刻的本性和它们的必然联系；因而我们在科学中是极其系统地进行工作的；只是在这样做时我们有时就陷入了一种外在的、任意的构造的形式主义。"②

在黑格尔的哲学体系中，自然哲学是最遭人诟病的，但黑格尔对当时自然哲学的缺陷其实已有所认识。"……近来我们所称为自然哲学的，大部分都是用一些空疏外在的类推来作无聊的游戏。这样的类推把戏还要自诩为高深玄妙，结果适足以使对于自然界的哲学研究受到轻蔑。"③

黑格尔知道，知性思维是人们的常规思维，而他要以辩证思维来革新哲学，所以他对自己的哲学可能面对的境遇也是有自知之明的。"由于我认定科学赖以存在的东西是概念的自身运动，又由于我注意到，就我已经谈到的和其他还未谈到的方面来说，现时流行的关于真理的性质和形态的见解和我的看法很有出入，甚至于完全相

---

① 黑格尔：《哲学史讲演录》（第四卷），贺麟、王太庆译，商务印书馆 1978 年版，第379 页。

② 黑格尔：《哲学全书·第三部分·精神哲学》，杨祖陶译，人民出版社 2006 年版，第 67-68页。

③ 黑格尔：《小逻辑》，贺麟译，商务印书馆 1980 年版，第 369 页。

反，所以我感觉到以我的看法来陈述科学体系的这一试图，是不会受到读者欢迎的。"①

　　既然黑格尔知道他的哲学可能不受欢迎，那么为什么还要"和所有人对着干呢"？也许黑格尔以下的话能姑且作答："这样一来坚强的人才都转向实践方面，而浅薄空疏就支配了哲学，并在哲学里盛行一时。我们很可以说，德国自有哲学以来，哲学这门科学的情况看起来从来没有像现在这样坏过。……为了反对这种浅薄思想而工作，以日耳曼人的严肃性和诚实性来工作，把哲学从它所陷入的孤寂境地中拯救出来，——去从事这样的工作，我们可以认为是接受我们时代的较深精神的号召。"②"在哲学史里尤其是这样，我们可以举出许多哲学史的著述，在那里面我们什么东西都可以找得到，就是找不到我们所要了解的哲学。"③可以看出，这些话体现了黑格尔作为一个追求真理的学者的时代担当，他不辞辛劳自觉去担当拯救哲学的大任。就此而言，我们不得不承认黑格尔"曾志其所行，亦曾行其所志"④。

　　黑格尔晚年打算出《逻辑学》第二版，但只完成第一篇"有（存在）论"的修订及写出第二版序言后即逝世。他在这篇序言的最后一段中说："在提到柏拉图的著述时，任何在近代从事重新建立一座独立的哲学大厦的人，都可以回忆一下柏拉图七次修改他关于国家的著作的故事。……一本属于现代世界的著作，所要研究的是更深的原理、更难的对象和范围更广的材料，就应该让作者有自由的闲

---

① 黑格尔：《精神现象学》（上），贺麟、王玖兴译，商务印书馆 1979 年第 2 版，第 48-49 页。
② 黑格尔：《哲学史讲演录》（第一卷），贺麟、王太庆译，商务印书馆 1959 年版，第 2-3 页。
③ 黑格尔：《哲学史讲演录》（第一卷），贺麟、王太庆译，商务印书馆 1959 年版，第 4 页。
④ 黑格尔：《小逻辑》，贺麟译，商务印书馆 1980 年版，第 294 页。

暇作七十七遍的修改才好。"①从这段话来看，黑格尔并不认为自己的哲学是最终完成的体系，而是仍在不断完善中的体系，这也体现了黑格尔与时俱进的学风。

通过对黑格尔哲学的三个原则的阐述并在三个原则的指引下对黑格尔哲学进行范例性解读，可以说对黑格尔哲学已经有了大致了解。在此前提之下，本书最后仅在哲学学理范围内对黑格尔哲学的意义和缺陷做个简要小结。

一、黑格尔哲学的意义

（一）黑格尔哲学实现了传统西方哲学的使命

这里所说的传统西方哲学，也可称为古典西方哲学，指包括黑格尔在内的黑格尔以前的西方哲学。传统西方哲学肇始于古希腊，古希腊哲学的使命是探究世界的本原，然后以本原解释世界。早期古希腊哲学是自然哲学，自然哲学的基本问题可概括为一与多的问题。亚里士多德是第一个百科全书式哲学家，他把哲学规定为研究存在本身的学问，然后将存在还原为实体，并以实体理论解释世界，终为个别事物与形式孰为第一实体所困扰。古希腊哲学之后，哲学探究世界本原并以本原解释世界的主流使命没有变，但一直没有实现这个使命。中世纪哲学为一般与个别的问题所困扰，近代哲学为思维与存在的问题所困扰。但一切哲学史上的问题都在黑格尔哲学中迎刃而解，黑格尔哲学不为任何问题所困扰，在黑格尔哲学中，世界本原是理念（精神）；黑格尔哲学以理性统领世界，把整个世界串联起来为一连串圆圈，整个世界由理念得到解释和说明。所以说，黑格尔哲学实现了传统西方哲学的使命。

---

① 黑格尔：《逻辑学》（上），杨一之译，商务印书馆 1966 年版，第 21 页，第二版序言。

　　但黑格尔哲学并没有结束传统西方哲学的使命，因为黑格尔哲学是体系内自圆其说的真理，其真理性并没得到体系外的普遍认同和实践检验。所以，黑格尔之后，传统西方哲学转型发展。为什么转型发展？因为传统西方哲学到黑格尔这里发展到顶峰。转型后的西方哲学称为现代西方哲学。所谓转型，就是现代西方哲学的研究内容和路径发生重大转向，大多另辟蹊径，普遍反本质（本原）、反理性、反形而上学。其中，在德国古典哲学基础上产生的马克思（主义）哲学朝着实践唯物主义方向发展。西方的西方哲学史著作讲到现代西方哲学时，有的把马克思（主义）哲学看作现代西方哲学的一个流派。我国哲学界继承苏联哲学界的看法，把马克思主义哲学看作与现代西方哲学（又称之为资产阶级哲学）截然不同的无产阶级哲学（世界观），是德国古典哲学的继承与发展，是科学的世界观。现代西方哲学派别林立，有的昙花一现，有的延续到当代也日渐式微，所以出现西方哲学终结或西方哲学死了的声音。西方哲学路在何方？当代西方哲学有重回形而上学的倾向。出现大学和专门研究机构以后，古老的哲学逐渐职业化了，世界上大多数哲学工作者是在做哲学史工作，或者转向应用哲学研究。所谓应用哲学，是相对作为形而上学的哲学而言的，如物理哲学、政治哲学、伦理哲学、生态哲学、管理哲学、发展哲学等，五花八门，几乎每一个具体学科名称或社会流行概念后面加上"哲学"二字即是。当代西方哲学也好，马克思主义哲学也好，都源自传统西方哲学，要想成为像自然科学学科那样的普遍科学的学问，任重道远。

（二）黑格尔哲学致力于展现和认识运动的世界

　　古希腊哲学家（如赫拉克利特）就认识到运动的世界和世界的运动，但他们的认识还停留在朴素阶段，大多带着感性痕迹的描述，缺乏自然科学的基础支撑，还远没有达到概念论证和形成系统的水平。近代哲学家，多数把世界当作静态画面来论证，如笛卡儿和经验论哲学家；有的也把世界看作运动过程，但他们论证的方法仍是静态（知性）的，如斯宾诺莎、莱布尼茨。世界本来是运动的，所以以静态（知性）方法论证动态世界总是产生矛盾（二律背反）。黑格尔哲学则致力于展现和认识一个运动的世界，所有矛盾都在运动中得到揭示与和解，这是黑格尔哲学值得肯定的意义。

（三）黑格尔哲学带来哲学思维方法的变革

黑格尔敏锐地认识到，旧形而上学的缺陷首先是哲学方法上的缺陷，这个缺陷就是知性思维。知性思维是静态思维，没有纵向过渡，也没有横向联系，遵循同一律或（不）矛盾律。而现实世界是运动的、普遍联系的，所以，用知性思维去思考最普遍的哲学问题或极端运用知性思维去认识日常问题时，都会带来无法克服的对立。日常中的事物大多变化不是很快，有限运用知性思维是有效的，没有明显或尖锐对立发生。为了克服旧形而上学的缺陷，黑格尔贯彻实体即主体原则，赋予辩证法以辩证的否定（扬弃）的新意义，带来哲学方法的变革。辩证法在古希腊哲学中就有，主要是主观意义上的方法（辩论的技艺）；黑格尔把辩证法看作概念自身运动（联系）的法则，辩证法成为客观意义上的法则。运动的本质是不断的否定，辩证法的本质也是不断的否定，所以辩证法适用于认识运动变化的世界。

二、黑格尔哲学的缺陷

（一）认识论是黑格尔哲学的短板

本体论和认识论是密切相关的，两者互相影响。黑格尔哲学的本体论缺陷（无中生有）在一定程度上是黑格尔哲学的认识论缺陷导致的。黑格尔哲学的本体论比较发达，相对来说，认识论是黑格尔哲学的薄弱部分。黑格尔在认识论上缺乏深入思考，没有什么深刻见解（辩证法贡献除外）；对知性的认识继承了康德的见解，但有的观点没有达到康德的认识深度。《精神现象学》的写作计划外出现，说明黑格尔在认识论上还是以经验论为主；《哲学科学全书纲要》写成后，黑格尔在认识论上就转向先验论，但仍有经验论痕迹，不过经验在先验之内。康德因为对认识的考察比较深入，所以有不可知论倾向，对人的认识能力不自信；反之，黑格尔因为对认识的考察不够深入，所以对理念的认识能力非常自信，认为理念可以穷尽一切真理。

黑格尔认识到一般的东西和规律性的东西是客观的是对的；但人们认识把握它们非得依靠理性概念不可（概念因此在内容上具有客观性），黑格尔因此就认为一般的东西和规律性的东西就是概念，从而建立发达的观念论（概念论）的本体论，这不能不说是南辕北辙，其本体论越发达，其错误越远。黑格尔没有区分事物的一般和概念的一般，认为两者是同一个东西。概念的一般是事物的一般的认识上的反映，两者的内容是一致的，都是客观的，但概念的一般在形式上是主观的，而事物的一般在形式上也是客观的，它寓于所有个别事物之中。当然黑格尔更加没认识到，人们是在认识关系之内来认识和把握世界的，所以人们认识和把握到的世界没有绝对客观性，都带有主观的痕迹，而黑格尔对于存在绝对的客观世界及能认识绝对的客观世界执迷不悟。在这一点上，贝克莱、康德反而要高明一着。叔本华也因此认为黑格尔是假哲学家，冒充内行。叔本华承认本体世界的存在并可知（康德承认本体世界存在但不可知），但认为人们理智把握的世界是表象，因为它无论如何带有主观痕迹，就像你戴有色眼镜看到的东西是客观存在的，但显示给你的东西都披上一层颜色，从而不是纯粹客观事物本身。知性是人类认识能力的缺陷又是人类认识能力的优点，它有着人脑机能的先天基础。黑格尔也知道知性是辩证法的基础或前提，但黑格尔就没有再进一步认识到，辩证法既然需要知性做基础，就永远也摆脱不了知性的缺陷，因而就不可能完全认识运动本身，就不可能完全认识绝对客观的世界。

（二）无中生有是黑格尔哲学的本体论缺陷

黑格尔哲学的本体论缺陷，在第一章第三节第四小节论述观念论的理论缺陷时已经讲到，这里作为全文小结再简单复述。黑格尔赞赏安瑟伦的上帝的本体论证明，并指责康德反对安瑟伦的上帝本体论证明所举的一百元钱的例子举例不当。黑格尔认为，如果你真有一百元钱的概念，你就会千方百计通过各种途径挣得一百元钱，从而现实地拥有一百元钱，否则就是假有一百元钱的概念或有一百元钱的假概念，所以真实的概念就是现实（存在）。这里黑格尔看到概念与现实（存在）之间的转化是合乎辩证法的，是对的；但是，从概念到现实的转化是有条件的，是要通过途径的，是要和实际的质料打交道的。那么，质料从哪里来？黑格尔的全部哲学对这一关键问题都避而不谈，只是简单地说，质料（有限事物）是理念的外化或他在形式。所以，无中生有是黑格尔哲学的本体论缺陷。

参考文献

[1] 亚里士多德. 范畴篇；解释篇[M]. 方书春，译. 北京：商务印书馆，1959.

[2] 亚里士多德. 形而上学[M]. 苗力田，译. 北京：中国人民大学出版社，2003.

[3] 斯宾诺莎. 伦理学[M]. 贺麟，译. 北京：商务印书馆，1983.

[4] 贝克莱. 人类知识原理[M]. 关文运，译. 北京：商务印书馆，1973.

[5] 康德. 康德三大批判合集（上）[M]. 邓晓芒，译. 杨祖陶，校. 北京：人民出版社. 2009.

[6] 黑格尔. 精神现象学（上、下）[M]. 贺麟，王玖兴，译. 北京：商务印书馆，1979.

[7] 黑格尔. 精神现象学[M]. 先刚，译. 北京：人民出版社，2013.

[8] 黑格尔. 小逻辑[M]. 贺麟，译. 北京：商务印书馆，1980.

[9] 黑格尔. 逻辑学（上）[M]. 杨一之，译. 北京：商务印书馆，1966.

[10] 黑格尔. 逻辑学（下）[M]. 杨一之，译. 北京：商务印书馆，1976.

[11] 黑格尔. 法哲学原理[M]. 范扬，张企泰，译. 北京：商务印书馆，1961.

[12] 黑格尔. 哲学史讲演录（第一、三卷）[M]. 贺麟，王太庆，译. 北京：商务印书馆，1959.

[13] 黑格尔. 哲学史讲演录（第二卷）[M]. 贺麟，王太庆，译. 北京：商务印书馆，1960.

[14] 黑格尔. 哲学史讲演录（第四卷）[M]. 贺麟，王太庆，译. 北京：商务印书馆，1978.

[15] 黑格尔. 自然哲学[M]. 梁志学，薛华，等，译. 北京：商务印书馆，1980

[16] 黑格尔. 哲学全书·第一部分·逻辑学[M]. 梁志学，译. 北京：人民出版社，2002.

[17] 黑格尔. 哲学全书·第三部分·精神哲学[M]. 杨祖陶，译. 北京：人民出版社，2006.

[18] 黑格尔. 哲学科学全书纲要[M]. 薛华，译. 北京：北京大学出版社，2010.

[19] 马克思恩格斯选集（第二卷）[M]. 北京：人民出版社，2012.

[20] 马克思恩格斯选集（第三卷）[M]. 北京：人民出版社，2012.

[21] 马克思恩格斯选集（第四卷）[M]. 北京：人民出版社，2012.

[22] 马克思恩格斯全集（第三卷）[M]. 北京：人民出版社，2002.

[23] 贺麟. 黑格尔哲学讲演集[M]. 上海：世纪出版集团，上海人民出版社，2011.

[24] 张世英. 论黑格尔的逻辑学[M]. 上海：上海人民出版社，1981.

[25] 张世英. 黑格尔词典[M]. 长春：吉林人民出版社，1991.

[26] 张慎. 西方哲学史（第六卷）[M]. 南京：凤凰出版社、江苏人民出版社，2006.

[27] 俞吾金，徐英瑾，等. 德国古典哲学[M]. 北京：人民出版社，2009.

[28] 俞吾金. 略论黑格尔哲学体系的范围[J]. 复旦学报，1984(4).

[29] 宋继杰. BEING 与西方哲学传统（上、下）[M]. 保定：河北大学出版社，2002.

[30]　冯契. 哲学大词典[M]. 上海：上海辞书出版社，2007.

[31]　杨河，邓安庆. 20 世纪西方哲学东渐史——康德黑格尔哲学在中国[M]. 北京：首都师范大学出版社，2002.

[32]　杨祖陶，陈世夫. 黑格尔哲学体系问题——试论贺麟先生对黑格尔哲学体系构成的创见[J]. 北京大学学报：哲学社会科学版，1988(4).

[33]　邓晓芒. 关于黑格尔《精神现象学》的几个问题[J]. 中国高校社会科学，2013(2).

[34]　张慧泽. 关于"思维与存在同一性"问题的讨论[J]. 聊城师范学院学报：哲学社会科学版，2001(2).

附录

以贝克莱和黑格尔哲学为例
论唯心主义的认识根源[①]

引　论

一、什么是唯心主义

从词源上看，唯心主义，英文 Idealism，源于希腊文 Ιδεα。在英文中，Idea 的词义与希腊文 Ιδεα 差不多，意为"观念"；Ideal 是 Idea 的形容词形式；-ism 是后缀，表示"主义""信仰"。

据查[②]，哲学史上莱布尼茨在《对培尔的思想的答复》一文中首次使用了 idéalist（唯心主义者）一词，用以指柏拉图哲学，以与伊壁鸠鲁的 materiast（唯物主义者）哲学相对称。从 18 世纪始，人们用唯心主义称呼贝克莱的学说。后来，康德把自己的学说称为"先验唯心主义"，而把那种否认或怀疑在我们之外存在着客观对象的学说称为"经验的唯心主义"。黑格尔则称自己的哲学为"绝对唯心主义"，视为费希特的主观唯心主义（正）与谢林的客观唯心主义（反）之合。可见，至此，唯心主义一词并没有确切而一致的含义。

---

① 本文系笔者 2005 年上海社会科学院硕士研究生毕业学位论文。
② 冯契主编：《哲学大辞典》，上海辞书出版社 2001 年版，第 1514 页，"唯心主义"条目。

　　恩格斯通过科学地总结哲学发展的历史，第一次对唯心主义一词的含义做了科学的规定。恩格斯在《路德维希·费尔巴哈和德国古典哲学的终结》一文中说："全部哲学，特别是近代哲学的重大的基本问题，是思维和存在的关系问题。……哲学家依照他们如何回答这个问题而分成了两大阵营。凡是断定精神对自然界来说是本原的，从而归根到底以某种方式承认创世说的人（在哲学家那里，例如在黑格尔那里，创世说往往采取了比在基督教那里还要混乱而荒唐的形式），组成唯心主义阵营。凡是认为自然界是本原的，则属于唯物主义的各种学派。"①据此，后来的马克思主义哲学原理对唯心主义一词的含义一般表述为：唯心主义是同唯物主义相对立的哲学基本派别，在哲学基本问题上，主张精神第一性，物质第二性，认为精神是世界的本原，世界是精神的产物。由于这一规定的科学性和马克思主义及其哲学在全世界的影响，唯心主义的这个含义得到广泛认可。本文考察唯心主义的认识根源，正是在这个意义上使用唯心主义一词的。

　　唯心主义有两种基本形态：凡认为人的精神（观念、意志等）是世界本原的，属于主观唯心主义；凡认为先于自然界而存在的某种精神（理念、上帝等）是世界本原的，属于客观唯心主义。两者表现形式不同，但实质一样，都把精神（意识）当作独立实体，当作世界本原。两者的区分不是绝对的，两者可以相互转化、相互包含。

　　但是，在国内的意识形态领域，过去由于受政治上"左"的思想的影响，唯心主义这个词曾经被滥用、误用，并使学术研究遭受损失。当然，这种不良倾向后来得到逐步纠正。今天，或许出于对过去情况的逆反，或许是受各种自由化思潮的影响，唯心主义这个词又在一部分人心中被淡化了，甚至遭到厌弃和反对。在西方的意

① 《马克思恩格斯选集》第 4 卷，人民出版社 1995 年版，第 223-224 页。

识形态领域，马克思主义自诞生以来，除了有赞成者外，一贯有股反对它的强大势力；一些西方思想反对马克思主义，其中就包括反对马克思主义哲学对哲学作唯心主义与唯物主义的党性划分。现代西方哲学的一些流派，有科学主义的，有人本主义的，也有宗教神秘主义的，它们竭力回避和抹杀哲学基本问题，企图取消哲学的两大基本派别的划分。它们这样做，或者为掩盖其学说的唯心主义本质以自我保护，或者出于认为唯心主义与唯物主义都不对（称两者均为"二元论"旧模式的哲学），而试图探索一种非心非物的东西作为世界本原的哲学（自称为"一元论"哲学）。其实，这种中间路线的哲学实质仍是唯心主义。

那么，恩格斯提出的哲学基本问题以及由此对哲学的两大基本派别的划分是不是过时了呢？我们是否还应继续坚持它们？下面简单讨论这个问题。

首先，从事实上看。马克思主义及其哲学自诞生以来，虽遇到过各种挑战，遭受过各种攻击，但如今，在世界上它仍保持旺盛的生命力，在国内它的地位依然牢固。因此，作为马克思主义哲学一个基本内容的哲学基本问题以及由此对哲学的党性划分并没有过时。

其次，从理论上看。哲学作为系统化、理论化的关于世界观的学说，探究的是包括自然、社会和思维在内的整个世界的根本看法和最一般规律。世界的本原是什么？这是每一个哲学家首先必须回答的，它就是哲学基本问题。古代的哲学家并没有自觉认识到哲学基本问题，但实际上都在讨论它。在欧洲，从中世纪到近代，哲学基本问题逐渐被认识到并呈现出来。19 世纪 80 年代，恩格斯总结两千多年的哲学发展史，明确提出哲学基本问题是思维与存在的关系问题。哲学史的发展表明，存在与思维或物质与意识，是哲学的两个最基本范畴。那么，两个范畴的关系怎样？它们是并立的还是有主次的，即是二元的还是一元的？是一元的，又哪个是元？即哪个

是第一性的，哪个是第二性的？这样，哲学基本问题就出来了。对
哲学基本问题的不同回答是解决其他哲学问题的基础和前提。虽然
哲学史上有的哲学家并没有直接涉及哲学基本问题，而且现代西方
哲学一些哲学家回避甚至反对谈论哲学基本问题，但不论怎样，事
实上哲学基本问题都不可避免地已贯穿在他们的哲学中，他们的哲
学正是在已经潜在地、逻辑在先地回答了它的前提下展开的。哲学
基本问题的存在是哲学的本性决定的，不以哲学家的意志为转移。
任何哲学都回避不了哲学基本问题以及对它的回答，这反过来恰好
说明哲学基本问题之所以是哲学基本问题。哲学史上，大部分哲学
家是一元论者。二元论在解释世界时最终不能自圆其说，必然陷入
自相矛盾与混乱，因而不能贯彻到底。只有一元论才能在一个哲学
体系内贯彻到底，并具有科学地解释世界的可能。既然对哲学基本
问题的回答既不可避免又是排中的，那么，据此而划分的哲学基本
派别必然是两派——唯物主义与唯心主义。因此，恩格斯提出哲学
基本问题及由此对哲学的党性划分是科学的。

　　事实上，一个理论或观点在提出后会遭遇挑战和攻击是正常的。
既然恩格斯提出的哲学基本问题及由此对哲学的党性划分事实上没
有过时并且理论上是科学的，那么我们有充分理由继续坚持它们，
不因它们遭遇挑战和攻击而动摇。

　　不过，我们还要牢记恩格斯在对哲学作了党性划分之后接下来
所说的："除此之外，唯心主义和唯物主义这两个用语本来没有任何
别的意思，它们在这里也不能在别的意义上被使用。下面我们就可
以看到，如果给它们加上别的意义，就会造成怎样的混乱。"①因此，
一方面，我们承认哲学党性的这个划分的科学性，继续坚持它；另
一方面，我们又不曲解、滥用这个划分。比方说，一位同志在工作

------

①《马克思恩格斯选集》第 4 卷，人民出版社 1995 年版，第 224-225 页。

上犯了主观主义的错误，就不应该给该同志扣上唯心主义的帽子。主观主义固然是一种唯心主义的思想方法和工作方法，但在概念上与唯心主义并不是属种关系，从在工作上犯主观主义的错误不必然推出在世界观上主张唯心主义。又比方说，"文艺大都有点唯心"，这句话也是对唯心主义一词的滥用。搞文艺很需要发挥文艺工作者的主观能动性和创造性，但这并不是唯心主义，文艺的能动性和创造性与唯心主义在概念上不是同一关系或属种关系。唯心主义是一种世界观，文艺的能动性和创造性本质上是意识的能动性，一般不直接与世界观发生关系，谈不上文艺是唯心主义还是唯物主义。

二、为什么论唯心主义的认识根源

哲学史上，唯心主义不但与唯物主义形成两军对垒，而且在马克思主义哲学产生以前，唯心主义对一些问题的论述往往要比唯物主义深入得多，其实力与影响力往往超过唯物主义。堪称大哲学家的，以唯心主义者居多。唯心主义在哲学史上的地位，说明它一定包含着合理性。

但是，唯心主义无论怎样包含合理内容，它的根本观点，即主张精神是世界的本原、物质是派生的观点是荒谬的，是正确世界观的颠倒。唯心主义的荒谬，最终会在实践上暴露，可由实践来证明。但凡实践上能证明的，同样有从理论上得到说明的可能和必要，可以寻求它的理论证明。可以说，本文就是要对唯心主义的荒谬在理论上做具体分析和论证。

既然唯心主义的根本观点是荒谬的，为什么哲学史上那么多哲学家持唯心主义的主张呢？哲学家一般来讲都是追求真理的，哲学的本性就是探求世界的最一般真理。为什么那些哲学家舍唯物主义之真理而求唯心主义之荒谬呢？要回答这个问题，就有必要了解唯心主义产生的根源。

一般地说，唯心主义的根源有历史的、社会的、认识的三个方面。这三个根源并不是孤立的，而是相互联系、共同作用的。

所谓历史根源，指由于受历史发展的局限，人们的认识水平不高，人们不能对自身和周围世界的各种现象做出唯物主义的解释。唯物主义不能解释、无能为力的地方，诉诸唯心主义实在是个捷径。这是在马克思主义哲学产生以前，唯心主义往往比唯物主义占优势，似乎更具有解释世界的能力的一个重要原因。比如"知识是如何产生的"这个高难度问题，马克思主义哲学以前的旧唯物主义都不能做出完满的解释，而古代的唯心主义把知识的产生解释为人先天所固有，仅需后天回忆、领悟即可，则轻松地回答了这个问题。如此这般，唯心主义怎么不兴盛起来？

所谓社会根源，主要指在阶级社会统治阶级为维护其统治的需要，自觉地推行和培植唯心主义。人是理性的动物，有精神食粮的需要，而由于历史的局限，旧唯物主义的理论水平又不能满足人们的这种需要。统治阶级正是客观上抓住了这个空当，积极宣扬唯心主义，并把它贯彻到道德、教育等社会生活各方面。由于唯心主义把世界解释为起点与终点都是精神的，所以具有麻痹人民的作用，为统治阶级乐于推行。

以上两个根源是唯心主义产生的大环境、大气候，属客观因素。哲学家个人对此一般只能身置其中，不能做出根本改变。讨论它们的意义既大又不大。说意义大，是因为客观因素归根到底起决定作用，比如现在客观环境变化并好转了，唯心主义自然不如过去那样畅行。说意义不大，是因为客观因素非个人所能为，对个人来说没有避免唯心主义的借鉴作用，反倒是持唯心主义的归咎理由。

所谓认识根源，指由于人们认识上的错误而导致唯心主义。认识根源是唯心主义产生的主观因素。唯心主义作为世界观，作为意识形式，也属于认识领域的问题，是一个认识的范畴；唯心主义的其他根源，最终都要归结到认识根源上，要通过认识来表现唯心主义。

无疑，只有考察认识根源，才能知道唯心主义到底包含哪些合理之处，又为什么根本上是荒谬的；才能知道唯心主义哲学家抓住了哪些合理的方面，又最终失足在哪里；才能回答为什么那些哲学家持唯心主义的主张。

为什么论唯心主义的认识根源？首先，唯心主义从根本上说是荒谬的。人们一般不论唯物主义的认识根源，就是因为唯物主义从根本上说是正确的，没有考察其认识根源的必要。其次，在唯心主义产生的三大根源中，唯有考察认识根源，才能揭示唯心主义的荒谬之所在。最后，唯有考察认识根源，才能分析出唯心主义的合理之处，从而更全面地认识唯心主义。总之，只有考察认识根源，才能剖析出唯心主义的合理与谬误所在，才能解开唯心主义之谜，才能对人们避免唯心主义有借鉴作用。

三、怎样论唯心主义的认识根源

对唯心主义的认识根源，马克思主义经典作家早有所阐述。现在的马克思主义哲学原理，一般将唯心主义的认识根源概括为：主观同客观相分裂，认识同实践相脱离，用孤立、静止、片面、僵化的形而上学观点把认识过程的某个侧面、某个阶段过分夸大和绝对化。这个概括包含了马克思主义经典作家的阐述内容，应该说是科学的。但这个概括就像一个公式，尽管正确却十分抽象，既不知道它怎么得来，也不知道它用在哪里。本文的作用，就在于将这个概括的内容具体化。本文对唯心主义的认识根源的考察成果，不敢说超越了这个概括，但力求丰富和发展这个概括。

具体考察唯心主义的认识根源，一定要结合具体哲学内容。唯心主义的学派有很多，是不可能也无必要都拿来考察的，只能和只需选取具有代表性的。鉴于唯心主义有主观唯心主义与客观唯心主义两种基本形式，因此考察唯心主义的认识根源两种基本形式各要有代表。本文举例的贝克莱哲学和黑格尔哲学，被公认分别为西方哲学史上主观唯心主义与客观唯心主义的典型。一方面，具体考察唯心主义的认识根源必须与个别典型学派相结合；另一方面，对个别典型学派的考察又具有一般意义，其余主观唯心主义和客观唯心主义学派的认识根源可依此类推。

第一节　贝克莱主观唯心主义的认识根源

一、贝克莱哲学的一般情况

乔治·贝克莱（George Berkeley，1684—1753）出生于英国爱尔兰基尔肯尼郡的一个乡村小贵族家庭。1700 年就读于都柏林三一学院，1704 年毕业后留校任教，1707 年当选为该校初级研究员。1710年被授以国教会牧师圣职。1713—1720 年曾数次游历法国、意大利、西班牙等国。1721 年获都柏林三一学院神学博士学位，就任高级研究员，并任德罗莫地区教长。1724 年改任德利地区教长。1728 年去北美洲百慕大群岛创办教会学校，因经费不足而未果，于 1731 年返回英国。1734 年任爱尔兰克罗因地区主教，这次留任达 18 年之久，其间实地考察爱尔兰的社会状况，探究其落后贫穷的原因，提出发展经济的设想。1752 年退休移居牛津，第二年去世。

贝克莱终身从事神职活动，同时写下不少宣扬唯心主义和论证宗教神学的哲学著作。贝克莱的主要哲学著作都写成并出版于他生活的早期年代。它们是：《视觉新论》，出版于 1709 年，该书试图借助对视觉与触觉的机制和本质做出新的说明，以批驳一般人以为通过感官可以认识到物质客观存在的观点；《人类知识原理》，出版于1710年，该书论述他的"非物质主义"的哲学体系，是体现他的哲学观点的最主要的著作；《希勒斯和斐洛诺斯的三篇对话》，出版于1713年，他因《人类知识原理》出版后受到人们的冷遇，为了消除"误解"而撰写此书，以通俗的对话形式，重述他的"非物质主义"体系。

贝克莱哲学的特点是哲学同神学紧密结合。他说："在我们的研究中，首要的是考察上帝和考察我们的职责。我所以要费心来从事研究，主要的目的也正在于促醒人来考虑这一点。因此，我所说的话如果不足以使读者虔诚地感知到上帝的存在，则我可以认为我的辛苦都是无用的、白费了的。"①贝克莱哲学的使命尽管是要论证和宣扬上帝的存在，但在近代哲学思想背景下，他实际上继承了英国的经验主义传统，继续探讨认识论问题，使经验主义从唯物主义转向唯心主义。大致地说，贝克莱哲学的主要内容可以概括为三点。

第一，存在即被感知或感知。贝克莱认为，知识起源于感知，感知即观念，没有能离开观念而存在的东西，任何事物每当言及它的存在时已经是观念了。事物存在是由于我感知到它，我不能感知时，他人可以感知，我与他人均不能感知时，有上帝感知，故观念之外无物，存在即被感知。谁在感知？心灵。那么，我们怎样知道心灵的存在呢？我们从心灵对观念的感知活动得悉它的存在，心灵的存在不是由被感知而是由能感知推出来的，故存在即感知。

第二，物质是虚无。贝克莱认为人们无形成抽象观念的能力，否认人们关于物质概念形成的可能性。他以自己为例说："不论我所想象的手或眼是什么样的，它一定不能没有一种特殊的形象和颜色。

---

① 贝克莱：《人类知识原理》，关文运译，商务印书馆1973年版，第93页。

同样，我给自己所形成的人的观念，不是白的，就是黑的，要不然就是黄褐色的；它不是屈的，就是直的，不是高的，就是矮的，或者就是中等身材。我的思想无论如何用力，也不能设想上述的抽象观念。"①在他看来，"物质"之类概念的形成由于不是出于人们的感知或感性认识活动，因而是纯粹的"虚构"，不能代表任何实际存在的东西。"如果您觉得合适，您就可以照别人用虚无（nothing）一词的意义来应用物质一词。"②

第三，上帝是自然实在性的保证。为避免唯我论，贝克莱承认事物的"实在性"："我眼所见的事物和我手所触的事物，都是存在的，都是实在存在的；这一点，我丝毫也不怀疑。"③但贝克莱始终坚持感知论，而感知有相对性，观念不能保证认识的正确性。因此贝克莱把认识的正确性归结为上帝的保证，即事物的秩序与必然性是上帝给予的。

贝克莱是洛克之后继承英国经验主义传统的哲学家，但贝克莱哲学标志着英国经验主义由唯物主义向唯心主义的转向，它为后来的休谟把经验主义推向极端从而提出怀疑论和不可知论跨出了第一步。贝克莱哲学对现代西方哲学的实证主义、实用主义及分析哲学等流派发生了一定的影响。

二、贝克莱哲学的主观唯心主义的表现

何以见得贝克莱哲学是主观唯心主义？这是论贝克莱主观唯心主义的认识根源首先要解决的问题，否则论述无从谈起。判定贝克莱哲学是否为主观唯心主义，最有说服力的依据是贝克莱哲学的内

---

① 贝克莱：《人类知识原理》，关文运译，商务印书馆 1973 年版，第 7 页。
② 贝克莱：《人类知识原理》，关文运译，商务印书馆 1973 年版，第 56 页。
③ 贝克莱：《人类知识原理》，关文运译，商务印书馆 1973 年版，第 35 页。

容本身。这里，贝克莱哲学的主观唯心主义的表现，是指表现贝克莱哲学的主观唯心主义的具体内容；表现是通过内容来表现，表现就是具体表现。这样的内容，无疑都体现在贝克莱的哲学著作中。但我们不可能也没必要把他的哲学著作全部搬到这里，只能也只需择其要者。《人类知识原理》正是这样一部著作。但我们仍然不可能也没必要将整篇著作都搬到这里，只能和只需择其部分。尽管《人类知识原理》通篇贯穿和体现着主观唯心主义，但并不是随便抽取一部分就足以说明问题，而是必须找出具有代表性的内容。这样的具有代表性的内容仍然不少，限于篇幅，本文只从中摘引四段表述，并略释大意。这四段表述未必是最恰当的，但足以说明贝克莱哲学的主观唯心主义。

　　我说我写字用的桌子存在，这就是说我看见它，摸到它。假若我走出书房以后还说它存在，这个意思就是说，假如我在书房中，我就可以感知它，或者是说，有某个别的精神实际上在感知它。有气味，就是说我嗅到过它；有声音，就是说我听到过它；有颜色或形相，就是说我用视觉或触觉感知过它。这就是我用这一类说法所能了解到的一切。因为所谓不思想的事物完全与它的被感知无关而有绝对的存在，那在我是完全不能了解的。它们的存在（esse）就是被感知（percipi），它们不可能在心灵或感知它们的能思维的东西以外有任何存在。[1]

这段话通过感知具体事物的存在直接阐明"存在就是被感知"。

---

① 贝克莱：《人类知识原理》，关文运译，商务印书馆 1973 年版，第 21 页。

不过，你可以说：虽然观念本身并不离开心灵而存在，但仍然可以有与观念相似的东西，而观念只是它们的摹本或肖像；这些东西则是可以离开心灵而存在于一个不思维的实体之中的。我答复说："观念只能与观念相似，而不能与别的东西相似；一种颜色或形状只能与别的颜色或形状相似，而不能与别的东西相似。如果我们稍微考察一下我们自己的思想，我们就会发现，只有在我们的观念之间，才可能设想有一种相似关系。再者，我还可以问：所假设的那些为观念所描绘或代表的"原本"或外物，本身究竟是被感知的呢，还是不能被感知的？如果是能被感知的，那么，它们就仍然是些观念，这正表示我的主张胜利了；但是如果你说它们是不能被感知的，那么，我可以诉诸任何人，看看断言颜色与某种不可见的东西相似，硬或软与某种不可触知的东西相似，这种说法是有意义的吗？其余的性质也是如此。①

这段文字说明观念不是与客观事物相似，而是观念与观念相似。因为所述与观念相似的那个东西仍是一个观念，只要那个东西是能被感知的，它就仍然是个观念。如果那个东西不能被感知，而说观念与一个不可感知的东西相似是没有意义的。既然没有离开观念而存在的所谓客观事物，那么观念只能与观念相似。

我恐怕这里或者会使人感觉到我把这个题目讲得太冗长了；因为对一个稍能反省的人，用一两行文字就可以非常明确地表白出来的道理，何必要反复申论呢？其实，只

---

① 贝克莱：《人类知识原理》，关文运译，商务印书馆 1973 年版，第 23 页。

要你仔细研究一下你自己的思想，并且试试看你是否可能
设想一个声音或形相或运动或颜色，可以外于心或不能被
感知而存在，你就会见到，你所争执的不过是一个明显的
矛盾。所以，我愿意把所有上面所说的话这样结束：——只
要你能设想一个有广延，能运动的实体，或一般地说，任
何一个观念或任何类似观念的东西，能够不在认知它的心
中存在，那我可以马上放弃我的主张。①

这则材料以总结性的语句再次指出，认为于心外有不被感知的
存在或观念，不过是一个明显的矛盾，坚定地阐明心外无物。

　　不过，你会说：要我想象一个公园里有树，或者一座
壁橱里有书，而不必有人在旁边感知它们，这确乎是最容
易不过的事。我的答复是：你的确可以这样想，这并没有
困难；但是，我请问你，你这不就是在你心中构成了某些
你所谓书和树的观念吗？你不过是在构成它们的同时，忽
略了构成感知它们的任何人的观念罢了。但是你自己不就
在同时感知或想象到它们吗？因此，你这种说法是枉然的：
这种说法只足以表示在你心中有想象或构成观念的能力；
却不足以表示你能设想你的思想的对象可以在心外存在；
为了证明这一点，你必须能设想它们不被设想或想到而能
存在；而这是一个明显的矛盾。当我们尽力设想外物的存
在时，我们仍然只不过是在设想我们自己的观念而已。②

这段文字以具体事例辩论的形式，驳斥观念外有物的观点，论

---

① 贝克莱：《人类知识原理》，关文运译，商务印书馆 1973 年版，第 29 页。
② 贝克莱：《人类知识原理》，关文运译，商务印书馆 1973 年版，第 29-30 页。

证离开观念有物存在是不可能的。

从以上四则材料，我们可以看到贝克莱鲜明的哲学观点以及他对他的观点十分自信的论证。这些观点的核心即"存在就是被感知"，这是典型的主观唯心主义命题。因此，这四则材料足以说明贝克莱哲学的主观唯心主义。

三、贝克莱持主观唯心主义的理由

从贝克莱哲学的主观唯心主义的表现可见，贝克莱哲学的主观唯心主义是确凿无疑的。但为什么贝克莱持主观唯心主义的主张，或贝克莱持主观唯心主义的理由是什么？这是考察贝克莱主观唯心主义的认识根源接下来所要了解的。

一般地说，一个东西存在的理由就是这个东西本身。出于对这个东西的认识而考察的需要，才把理由从这个东西中抽取出来，这时理由和这个东西本身有别。因此，贝克莱哲学就是贝克莱持主观唯心主义的理由。出于考察贝克莱主观唯心主义的认识根源的需要，我们必须把贝克莱持主观唯心主义的理由从其哲学中抽取出来。贝克莱在他的主要哲学著作《人类知识原理》中反复论证他的主观唯心主义主张，其实，他持主观唯心主义的理由我们可以概括为不过以下两点。

第一，物质是虚无。贝克莱从狭隘的经验主义出发，不承认人们有抽象思维的能力，认为唯物主义的"物质"不过是虚无，而不是独立于感知以外的客观事物。贝克莱反对无神论和唯物主义。他反对唯物主义的手法是多方面的，包括利用当时唯物主义的缺陷以及玩弄诡辩，但攻击唯物主义的物质学说是其核心。他说："物质的实体从来就是'无神论者'的至友，这一点是无需多说的。他们的一切古怪系统，都明显地、必然地依靠它；所以一旦把这块基石去掉，整个建筑物就不能不垮台。"①贝克莱哲学因积极地反对物质学说而被称为"非物质主义"。显然，这个理由是直接攻击唯物主义的，为持主观唯心主义扫除障碍。

第二，存在离不开感知。贝克莱从狭隘经验主义出发，死死扭住感知（观念）不放，列举了许多经验事例，来阐明自己的观点，驳斥反对的观点，认为没有离开感知的存在。"存在就是被感知"这一贝克莱哲学的主要命题就是从这个理由直接推出来的。这个理由是贝克莱持主观唯心主义的核心理由，贝克莱全部哲学都由之以出，根源于此。

然而，正是这两点理由，是我们考察贝克莱主观唯心主义的认识根源的切入点。

四、贝克莱持主观唯心主义的理由的合理之处

理由就未必是合理的。贝克莱持主观唯心主义的理由在他的哲学体系内由他本人看来是合理的，但在他的哲学体系之外由他人看来则未必是合理的。在我们看来，贝克莱的理由总体上是错误的，但也抓住了某些合理之处，而不完全是胡说。

贝克莱是高级神职人员，但他在历史上的地位，首先是哲学家和思想家。作为哲学家的贝克莱，是从探索真理出发来从事哲学研究的，这点从他体现在著作中的论证态度和辩护精神可以看到。在他看来，唯物主义（无神论）才是最荒谬的，但他并不是无端地仇视或痛骂唯物主义一通，而是不遗余力地以论证的方式来反驳。而列宁在《唯物主义和经验批判主义》一文中，站在唯物主义的立场，从哲学党性斗争出发，对贝克莱哲学极其贬斥，其中怀着强烈的主观情绪；这种态度作为哲学家或学者来说，是不应有也不可取的。

① 贝克莱：《人类知识原理》，关文运译，商务印书馆1973年版，第62页。

谁的学说是真理，不是通过指责或痛骂对方可解决问题的，而是要由学术本身的阐述和辩论去取胜。贝克莱主张感知论，这会导致唯我论，而唯我论仅从常识看来就是荒谬的；但他仍然坚持感知论，这就是因为在他看来他的主张完全是正确的。宁冒天下之大不韪而坚信自己的主张，这其实是一种勇于坚持真理的精神。不过，贝克莱哲学同神学紧密结合，这也是事实。但我们并不能因此就断言贝克莱从事哲学不是为探求真理而仅为神学目的。因为基督教的氛围及上帝的观念是西方文化的传统特色；在西方，上帝是永恒、完满的东西以及真理的化身，并不像我们理解的那样，上帝仅仅是与宗教和唯心主义相联系的东西。贝克莱即使不是神职人员，可能也会像西方其他不少哲学家那样，在学说中请来上帝或学说以上帝为归宿。

贝克莱对自己的学说及其论证是十分自信的，并不断揭露当时唯物主义的缺陷和质问唯物主义者（主要是洛克），显示出强劲的雄辩（在今天我们看来是诡辩）。以当时的认识水平，人们明知贝克莱的学说与常识相悖，却不能从论证上驳倒它。一个学说既然不能被驳倒，有什么理由放弃呢？不能被驳倒，这正是贝克莱学说雄踞一方，并使贝克莱坚信不疑的理由。法国唯物主义者狄德罗曾说贝克莱哲学："这种怪诞的体系，在我看来，只有瞎子才会创造出来！这种体系虽然荒谬之至，可是最难驳倒，说起来真是人类智慧的耻辱，哲学的耻辱。"[1]事实上，贝克莱哲学对后来的西方哲学产生了较大影响，在西方哲学史上占有一席之地。这些都说明，贝克莱哲学一定包含某些合理之处。

贝克莱哲学包含合理之处，其实质就是贝克莱持主观唯心主义的理由包含合理之处。但是，我们为什么要讨论贝克莱持主观唯心

---

[1] 狄德罗：《狄德罗全集》，茹·阿西萨编，巴黎 1875 年法文版，第 1 卷第 304 页。转引自列宁《唯物主义和经验批判主义》，人民出版社 1960 年版，第 22 页。

主义的理由的合理之处呢？因为，贝克莱持主观唯心主义的理由总体上是错误的，并且因此才导致贝克莱哲学的主观唯心主义。我们考察它的认识根源，关键是考察贝克莱持主观唯心主义的理由的错误之处。

要真正反驳一个东西，不是完全抛弃而是扬弃它。也就是说，应该采取辩证的而非形而上学的方法。辩证的方法，就是把一个东西一分为二地看，既看到它的错误之处，又看到它的合理之处；克服和抛弃其错误之处，而保留和继承其合理之处，并在此基础上发展它、补足它，结果是真正驳倒和战胜了一个东西。形而上学方法的全盘否认、一棍子打死，看起来是彻底的反驳架势，而结果往往驳不倒对方。因为全盘否认实际上是丢弃了对方的合理之处，而对方的合理之处正是对方的生命力所在。真正有生命力的东西，不会因为你丢弃它而失去生命力，它在哪里都显示着力量。所以全盘否认并不能真正驳倒一个东西。

同理，我们考察贝克莱主观唯心主义的认识根源，固然关键在于考察贝克莱持主观唯心主义的理由的错误之处，但只有首先考察其理由的合理之处，才能从真正意义上指出其理由的错误之处，从而揭示贝克莱主观唯心主义的认识根源。我们承认贝克莱持主观唯心主义的理由的合理之处，是为了更彻底地清算它的错误之处。事实上，贝克莱哲学的主观唯心主义当时不能被驳倒及后来在哲学史上占有一席之地，其中一个关键原因在于它包含着合理之处。假如我们不一分为二地对待它，而一棍子打死，这实际上是把它包含的合理之处也当成了错误之处，我们的反驳过程本身犯了逻辑错误，这样的反驳，对方当然不能被驳倒。

现在来看贝克莱持主观唯心主义的理由的合理之处是什么。依其理由为两点，其理由的合理之处相应也从两方面来看。

第一，物质概念有离开客观事物的一面。贝克莱说物质是纯粹的抽象，正是抓住了物质概念离开客观事物的一面，从而宣布物质是虚无。

　　其实，凡是观念的东西，凡是意识，都有离开客观事物的一面。意识是客观事物的反映，反映的实质是对客观事物进行抽象；抽象是人脑的机能，抽象的结果就是意识。抽象性是意识的本质属性，是意识的能动性的根本表现。意识的抽象，首先离不开客观事物，因之意识具有客观的内容。如果离开了客观事物，也就无象可抽，不成其为抽象，无所谓抽象了。意识的抽象，其次又离开客观事物，因之意识具有主观的形式。如果不离开客观事物，也不成其为抽象，无所谓抽象，它实际上完全就是客观事物本身。抽象的二重性决定意识的二重性，意识既是客观事物又不是客观事物，是离不开客观事物与离开客观事物的对立统一，也即客观内容与主观形式的对立统一。纯粹的抽象，即没有客观内容的抽象，实际上是不存在的；只有两方面的对立统一才是抽象；仅抓住其一面，既不构成对立也无所谓统一，因此并不是真正意义上的抽象。

　　意识一般分感性意识和理性意识两个层次。就两者都是意识，都具有抽象性，都是主观形式与客观内容的对立统一来说，它们是一样的，毫无区别。两者的区别在于它们各自的对立统一的具体内容不同，或者说，在于它们的主观形式与客观内容的具体表现不同。感性意识的主观形式表现为感性意识虽离开客观事物，却仅隔离感官一层，呈现为感性的观念形态；感性意识的客观内容表现为感性意识离不开客观事物，却仅是作为现象的客观事物。理性意识的主观形式表现为理性意识离开客观事物较远，隔离不仅感官一层，呈现为理性的观念形态；理性意识的客观内容表现为理性意识离不开客观事物，却仅是作为一般或本质的客观事物。理性意识是人的意识的本质表现；它从主观形式上看离开客观事物更远，从客观内容上看又与客观事物更近。一般把意识在形式上离开客观事物越远，在内容上与客观事物越近称为意识的抽象程度越高。理性意识较之感性意识集中体现了意识的抽象性，因此之故，人们通常只在理性意识的层次上使用抽象一词。

概念、判断、推理是理性意识的基本形式。概念，依据它的内涵与外延，也是分层次的。概念的内涵越贫乏外延越广，其抽象程度越高；反之，其抽象程度越低。物质概念是概念王国中最抽象的。贝克莱只看到物质概念离开客观事物的一面，而没看到所有概念，甚至凡是意识都具有离开客观事物的一面，这是贝克莱看问题的第一步错。假如贝克莱看到了这点，按照他的推理，则一切概念，凡是意识都是虚无，一切思维、语言活动都无从谈起，贝克莱本人的谈话、学说也是虚无。推至这般荒谬结论，也许贝克莱会取消物质是虚无的观点。不过，贝克莱如果能看到这点，他就没有理由主张主观唯心主义，本文也没有必要做了。所以我们姑且不计贝克莱这个错，继续探讨他的主观唯心主义的认识根源。我们要计的错是，贝克莱没看到物质概念、一切概念、凡是意识还均具有离不开客观事物的一面，这正是本文后面要讨论的内容。

为什么说贝克莱看到物质概念有离开客观事物的一面是合理的呢？这点其实不难理解。我手指着那个苹果叫你拿来，你可以做到；我手指着那匹马叫你牵来，你可以做到；但我叫你拿物质来，你就会不知所措，你要么把凡是物质的东西都拿来，要么什么也拿不来，就如用望远镜寻遍整个太空找不到上帝的身影一般找不到物质这个东西。因为物质作为最基本范畴，它的形式是最一般的观念形态，不是客观实在，是不能拿来，拿不来的。物质范畴的非可感性，就是它的离开客观事物的一面。唯物主义者如果不承认贝克莱所抓住的这点的合理性，而把它也当作错误去反驳，自然无论如何也驳不倒。盲人摸象，假如你说盲人所摸到的东西是错误的，他死不承认；但如果你说他所摸到的东西虽没错，却不是大象而是大象的某个部位，则不愚顽的盲人一般会接受你的反驳。贝克莱说物质是虚无，是建立在物质范畴有离开客观事物的一面的基础上的。如果唯物主义者老去反驳物质范畴离开客观事物的一面这一点，而事实上它是对的，不能被驳倒，那么，就谈不上能驳倒物质是虚无这个荒谬的结论了。

　　第二，客观世界的存在需要通过人对它的把握来确证，而人对它的把握离不开感知，也就是说，存在的确证离不开感知。贝克莱正是牢牢抓住这点，提出存在就是被感知。

　　我们说世界是客观存在的，是因为我们已经把握到这个世界，现在这个结论是在把握世界的前提和基础上得出的，知道世界原来并不依我们对它的把握而存在。不能把握的世界，是无法确证的，是没有意义的，无所谓它存在与否的问题；或者说，如果人类没有把握世界的能力，则一切都不能确证，谈不上任何问题，世界是没有意义的。何以见得世界是客观存在的？只要问题提出，意义就产生了。但不仅一切问题的回答需要通过人对世界的把握来确证，而且一切问题本身都是在对世界已经有所把握的基础上产生的。

　　其他物种只是以本能的方式去适应这个世界，唯有人类则以自觉的方式去把握这个世界，与世界构成主客体关系。马克思在《〈政治经济学批判〉导言》中曾把人们对世界的把握方式概括为四种：思维的、艺术的、宗教的、实践的。[①]这四种把握方式各有相对独立性，从这个意义上说它们是并立的；但这四种把握方式又是互相联系的，而且它们的关系有主次之分，其中思维的、实践的是两种基本的方式，而实践的则又是最终起决定作用的方式。思维的方式，不过是人们把握世界的方式之一，但其他把握方式实际上也融贯着思维的方式。思维的方式的独立性主要表现在理性思维层次上；感性思维的独立性相对较弱，它较之理性思维更不可或缺地融贯在其

---

　　①《马克思恩格斯选集》第 2 卷，人民出版社 1995 年版，第 19 页。

他把握方式之中。难以想象，除却思维的方式，其他把握方式能够得以进行。思维无论如何表现，无论如何发达，其初级形式无一不是感性思维，而感性思维直接来自感官的感知。因此，人们对客观世界的存在的把握离不开感知，存在的确证离不开感知。

贝克莱看到存在的确证离不开感知这个合理方面，但"存在的确证离不开感知"与"存在就是被感知"是两层意思，两回事，贝克莱直接由前者推出后者，导致主观唯心主义，其错误之处待下文阐释。由于贝克莱从本来合理的东西推出主观唯心主义的结论，所以在论证时不免露出破绽，需要请上帝来自圆其说。其实，存在的确证离不开感知这点是正确的，如果贝克莱仅止于此，谁都驳不倒它，是用不着请上帝来的。即使"存在就是被感知"这个唯心主义命题，当时的唯物主义者虽认为它荒谬，却不能真正驳倒它，因为不知道它到底荒谬在哪里，不知道贝克莱是在从"存在的确证离不开感知"到"存在就是被感知"的推理之间玩了把戏。当然，贝克莱自己也未意识到它们是两回事，并非故意玩把戏，而是事实上玩了诡辩的把戏，从而不自觉地陷入主观唯心主义。

如果人们没有把握世界的能力或世界不可把握也罢，但只要人们对世界有这样或那样的把握，只要世界是有意义的，只要人们提出任何问题或观点，则以上这些行为及其成果的得来，无不需要感知。在感知的前提和基础上，我们才有可能发生实践的、艺术的、宗教的把握方式，尤其是发生理性思维的把握方式。而已经作为感知把握之成果的理性思维才反过来告诉我们，原来世界可以离开我们的感知而存在，当我们睡眠的时候，当我们去世以后，世界仍然存在。作为成果的内容是讲世界不因人们的感知而存在的，但成果本身的获得是离不开感知的。唯物主义者如果否认这一点，结果只能是否认思维与存在的同一，走向不可知论。唯物主义者应该知道，贝克莱哲学是从经验主义出发的，而经验主义是有合理成分的，它的合理成分正是唯物主义本来所主张的东西。人们对世界的存在的确证通过对它的把握来实现，有错吗？没错。人们诸把握方式都贯穿着意识，有错吗？没错。意识的初级形式是感知，有错吗？没错。故人们对存在的确证离不开感知，有错吗？没错。

　　贝克莱主观唯心主义当时之所以难以被驳倒，关键就在于它内含着以上两点合理之处。唯物主义者分辨不出贝克莱主观唯心主义的合理之处与错误之处，从而不能区别对待，而是一般地全盘否定贝克莱的主观唯心主义，加之其他方面的局限，所以会感到最难驳倒。

五、贝克莱持主观唯心主义的理由的错误之处

　　把贝克莱持主观唯心主义的理由的合理之处分辨出来以后，其错误之处就清楚了，否则，其错误之处也含含糊糊，不易指出。既然贝克莱持主观唯心主义的理由具有合理之处，那么，这个理由是怎样导致主观唯心主义的呢？这正是这个理由的错误之处所致。依据贝克莱持主观唯心主义的理由为两点，其理由的错误之处相应地也从两方面来分析。

　　（1）贝克莱认为物质是纯粹抽象，从而宣布物质是虚无，我们从中可以置析出以下三点错误。

　　第一，贝克莱不真正了解什么是抽象，而认为有所谓的纯粹抽象。广义地说，抽象就是意识，指人们借助脑的机能对客观事物的一种观念的（反映的）把握方式。狭义地说，抽象就是理性意识，指人们借助脑的机能对客观事物的一般（本质）的一种观念的（思维的）把握方式。不论广义还是狭义，离不开客观事物是抽象的内容，离开客观事物是抽象的形式，抽象是它的形式与内容的对立统一。只看到抽象的形式或内容都不是抽象。贝克莱所谓的纯粹抽象，就是只看到抽象的离开客观事物的一面，即形式的一面，因此纯粹

抽象并不是抽象。没有纯粹的抽象，就如没有无内容的纯粹意识一样。如果认为意识是纯粹抽象，会导致不可知论；如果认为物质范畴或一切概念是纯粹抽象，会导致不可知论或主观唯心主义。

第二，贝克莱不知道一切概念，甚至凡是意识，均具有离开客观事物的一面，而仅看到物质范畴的离开客观事物的一面。这点前面指出过，这里再补充几句。物质范畴是对客观事物的最高抽象，它在形式上离客观事物最远，在内容上离客观事物最近（是客观事物的最一般本质）。贝克莱从狭隘的经验主义出发，认为日常使用的书本、房屋、苹果、山川等概念属于观念、感知，因而是存在；而最高抽象的物质范畴不是观念、感知，因而不是存在。其实，书本、房屋与物质都是概念，而不是观念、感知；书本、房屋与物质在内容上都是客观事物的不同层次的本质，都是客观存在。贝克莱一方面不承认人们的抽象能力，否认概念和理性意识的客观内容，一方面又把他的感知、观念赋予理性意识层面的意义，或把属于理性意识层面的一些日常概念理解为感性意识层面的感知。这说明贝克莱分不清感知与客观事物，分不清感知与概念，更不懂概念的划分（层次）；说明贝克莱对认识的考察实际上还是肤浅的、混乱的。

第三，贝克莱割裂物质范畴的主观形式与客观内容的对立统一，这是"物质是虚无"这个理由的错误的关键所在。从物质范畴的离开客观事物的一面推出物质是虚无，这个推理过程没错，推理的结论是错误的就在于它的前提是错误的，因为离开客观事物仅是物质范畴的一面而不是它的全体。事物的全体，从根本上讲就是把事物看成对立统一体。真理是全体，是具体，就是这个意思。仅抓住事物的一个方面，而对作为全体的事物做出判断，这就是诡辩。仅看到物质范畴离开客观事物的一面，没看到它离不开客观事物的一面，割裂物质范畴的两面的对立统一，是"物质是虚无"判断的错误的关键所在。

　　其实，不仅物质范畴，一切概念甚至凡是意识都是既离开客观事物又离不开客观事物，是两者的对立统一。离开客观事物是意识的主观形式，离不开客观事物是意识的客观内容，意识是主观形式与客观内容的对立统一。意识是客观事物在人脑中的反映；"反映"一词涵盖着意识的本质，意识的本质决定了意识是主观形式与客观内容的对立统一。正因为意识是反映，反映就意味着有内容，而且是它所反映的那个对象的内容，而不是别的什么内容，所以意识从内容上看就是它所反映的客观事物本身。这就是意识的客观内容。正如一个人的照片从内容上看就是他本人，而不是他人；照片上的人和所照的人完全是同一个人，这正是照片的意义。如果说意识在内容上不能与客观事物一致，这就否认了思维与存在的同一性，走向不可知论。世界是可知的，意识可以把握世界，就在于意识在内容上与所反映的世界具有一致性，是同一个世界。正因为意识是反映，反映本身就是一种映现形式，是所反映的客观事物的形式，而不是别的什么形式，所以意识从形式上看是所反映的客观事物的映像而不是客观事物本身。这就是意识的主观形式。正如一个人的照片从形式上看不过是这个人的图像，而并不是这个人本身；人的照片与人是两回事，这正是一个人的照片并不能替代这个人本身的原因。如果说意识在形式上与客观事物也是一致的，这就否认了思维与存在的差异性，认为两者完全是一回事、一个东西，就根本取消了认识的必要和认识本身。

　　概念属于理性意识，是事物的本质的观念形态或观念形态的事物的本质。概念的主观形式，指从形式上看，概念属于观念形态而不属于客观实在形态，概念与客观事物的本质完全不同。概念的客观内容，指从内容上看，概念与所反映的客观事物的本质一致，就是客观事物的本质本身。概念既是客观事物的本质又不是客观事物的本质，是主观形式与客观内容的对立统一。贝克莱仅抓住物质范畴不是客观事物的本质的一面，宣布物质是虚无，就是割裂了概念的主观形式与客观内容的对立统一。

（2）贝克莱暗中抓住"存在的确证离不开感知"这个合理成分，提出他持主观唯心主义的核心理由"存在离不开感知"，凭这个理由推出他的主观唯心主义的核心命题"存在就是被感知"。其间存在哪些错误，可分析如下。

第一，考察"存在就是被感知（感知）"命题本身。我们依据常识，对"存在就是被感知（感知）"这个命题，会发出一些疑问。当我不在感知及他人也不在感知的时候，事物就不存在吗？贝克莱的回答是：上帝在感知。上帝的存在是因为上帝在感知，但我们言及上帝又是凭什么感知到它的存在的呢？贝克莱认为，他的学说正是要论证上帝的存在，使读者虔诚地感知到上帝的存在。这就陷入了循环论证，把尚需论证的结果已经拿来做论证的依据。可见，"存在就是被感知"的真理的最终根据是上帝，而上帝又设定为全智全能的。一个把最终辩护权落在上帝身上的理论是苍白的，甚至是多余的，因为既然上帝是全智全能的，一切直接诉诸上帝就行了。当然，指出这点不是本文的主旨。

第二，从核心理由"存在离不开感知"推出核心命题"存在就是被感知"，倒不存在什么原则错误；就主观唯心主义这点而言，"存在离不开感知"无须推至"存在就是被感知"，两者是一样的。关键要分析贝克莱从"存在的确证离不开感知"这个合理之处推出他持主观唯心主义的核心理由"存在离不开感知"，究竟错在哪里。

存在的确证离不开感知，从表面上看是因为，存在的确证一定要通过对存在的某种方式的把握才能实现，而不论何种方式的把握，作为对存在的确证，都不可或缺地渗透着作为感性意识的感知。但仔细分析会发现，存在的确证需要两个基本条件：一是要指向存在本身，这是确证的内容，具有客观性；二是要通过主体（人）的某种途径，这是确证的形式，具有主观性。前面已经指出，作为意识的初级形式的感知，是主观形式与客观内容的对立统一。感知的客观内容，指感知从内容上看呈现为现象的事物本身；感知的主观形式，指感知从形式上看表现为感性（个别）的观念形态。感知的这种二重性，正好符合存在的确证的两个基本条件。这才是存在的确证离不开感知的内在原因。

任何事物（存在的或思维的）都是形式与内容的对立统一。存在的内容是客观的，存在的形式也是客观的，从真理是全体的意义上说，存在是完全客观的。感知的内容是客观的，感知的形式是主观的，从真理是全体的意义上说，感知既是客观的又是主观的，是客观与主观的对立统一。因此，存在与感知在内容上是同质的，都是客观的，在形式上是不同质的，存在是客观的，感知是主观的；然而正是形式上的不同质，决定了两者从真理是全体的意义上讲是不完全同质的事物。两个不完全同质的事物，如存在与感知，是谈不上互相离不开的。

可见，存在离不开感知，其错误就在于，只看到存在与感知内容上相一致的一面，没看到两者形式上不同质的一面。贝克莱把存在与感知看成是完全同质的进而相等同的东西，并不知道这是错误的以及错在哪里，关键在于他不知道感知是主观形式与客观内容的对立统一。在我们考察的人看来，贝克莱的存在与感知的完全同质，或者是把存在的形式的客观看作与感知的形式一样是主观的，或者是把感知的形式的主观看作与存在的形式一样是客观的；在两者的形式方面，不论是把客观的降为主观的，还是把主观的升为客观的，其实是一回事，都是没摆正它们各自的形式的主观或客观的本来位置，从而混淆主客观，等同主客观，结果只能是两者在形式方面实质上都是主观的。这样，存在与感知一样，成了主观形式与客观内容的对立统一。这实际上把存在的整体客观性否定了。而感知的客观性本来源于存在的客观性，现在存在的整体客观性否定了，那么实际上又动摇了感知客观性来源的可靠性，感知就沦为纯主观的东西。结果，存在与感知，由形式上都是主观的东西，进一步都沦为纯主观的东西。这就是贝克莱陷入主观唯心主义在认识根源上的具体过程。

六、贝克莱主观唯心主义的认识根源

通过一层层分析，特别是最后对贝克莱持主观唯心主义的理由的错误之处的考察，贝克莱主观唯心主义的认识根源已昭然若揭。

第一，对于属于感性意识的感知，贝克莱只看到客观内容的一面，看不到主观形式的一面，以客观内容吞没主观形式，实际上是把客观内容降低为主观形式，使感知成为纯主观的东西，从而直接陷入主观唯心主义。

第二，对于属于理性意识的物质概念，贝克莱只看到主观形式的一面，看不到客观内容的一面，以主观形式吞没客观内容，从而否认物质的客观实在性，为他持主观唯心主义扫除障碍。

以上两点，关键在第一点。也就是说，贝克莱主观唯心主义的认识根源，关键在于割裂感知的主观形式与客观内容的对立统一，只看到它的客观内容的一面，没看到它的主观形式的一面。

第二节　黑格尔客观唯心主义的认识根源

一、黑格尔哲学的一般情况

黑格尔（Georg Wilhelm Friedrich Hegel，1770—1831）生于德国斯图加特城。1788—1793 年在杜宾根神学院学习，后获哲学和神学博士学位。1793—1801 年在伯尔尼、法兰克福等地做家庭教师。1801—1807 年在耶拿大学任教，耶拿时期是黑格尔成长为哲学家的重要时期，黑格尔从此开始了漫长的哲学著述历程。1808—1816 年，任纽伦堡文科学校校长。1816—1818 年任海德堡大学哲学教授。1818年被普鲁士国王任命为柏林大学教授，此后黑格尔日益名扬四方。1829 年任柏林大学校长。1831 年被授予三级红鹰勋章，是年 11 月因患传染病，逝于柏林。

黑格尔一生著述甚丰。黑格尔的主要著作中，生前出版的有《精神现象学》(1807 年)、《逻辑学》(1812—1816 年)、《哲学全书》(1817年)、《法哲学原理》(1821 年)；去世后由学生整理出版的有《宗教哲学讲演录》(1832 年)、《哲学史讲演录》(1833—1836 年)、《美学讲演录》(1836—1838 年)、《历史哲学讲演录》(1837 年)。此外，20 世纪新黑格尔主义者整理出版的著作有《黑格尔青年时期的神学著作》(1907 年)、《黑格尔政治和法哲学著作》(1923 年)、《耶拿逻辑》(1923 年)、《耶拿时期的实在哲学》(1931 年) 等。

黑格尔继承哲学史上前人的哲学，尤其在批判地吸收康德、费希特、谢林的思想成果的基础上，概括当时自然科学和社会历史科学的研究成果，创立了自己庞大的思辨哲学体系，是德国古典哲学唯心主义的集大成者。黑格尔的哲学体系堪称是空前的，正如恩格斯所说："从人们有思想以来，还从未有过像黑格尔体系那样包罗万象的哲学体系。"①《精神现象学》是全体系的导言。体系基本构架由三部分组成：逻辑学、自然哲学、精神哲学。其中，逻辑学是整个体系的核心，是自然哲学和精神哲学的灵魂，而自然哲学和精神哲学不过是逻辑学的具体运用和发挥。黑格尔的著作讲精神哲学的最多。精神哲学又分主观精神、客观精神和绝对精神三部分。法哲

---

①《马克思恩格斯全集》第 1 卷，人民出版社 1956 年版，第 588 页。

学、历史哲学属于客观精神部分；艺术哲学、宗教哲学、哲学史属于绝对精神部分。

所谓思辨哲学，就是从概念出发进行纯粹逻辑思维，推演出整个客观实在，使客观世界的发展服从于概念运动的一般法则的哲学。黑格尔哲学，正是从纯概念出发，自己发展到理念，然后外化为自然，自然又因自身的局限必然复归于精神，最后达到绝对精神；整个哲学就是客观精神的发展过程。马克思在《神圣家族》一书中指出："在黑格尔的体系中有三个因素：斯宾诺莎的实体，费希特的自我意识以及前两个因素在黑格尔那里的必然的矛盾的统一，即绝对精神。"①"绝对精神"是黑格尔哲学的基本概念，它既是实体，又是主体，黑格尔哲学因之充满辩证发展历程，具有历史感。辩证法第一次在黑格尔哲学中以比较完备的形态出现。由于贯穿着辩证法，黑格尔哲学在具体论述中包含很多深刻的见解。概括地讲，辩证法是黑格尔哲学的主要合理内核，黑格尔哲学因此是马克思主义哲学的直接理论来源之一，马克思主义哲学经典作家十分重视黑格尔哲学的研究。

黑格尔哲学体系无论怎样庞大，内容无论如何丰富，但它的基本原则却集中体现在作为体系的导言的《精神现象学》的序言、作为体系的灵魂的《逻辑学》以及作为体系的纲要的《哲学科学全书纲要》里。这些基本原则贯穿于黑格尔的全部哲学，主要有三个：

（1）理想性原则。理想性原则亦称观念论原则。在黑格尔哲学中，观念属于理性意识的范畴，指概念、理念、精神等。黑格尔说："有限物是观念的这一命题构成观念论。哲学的观念论无非是不承认有限物是真的有的东西。……由于前面称本原、共相为观念的，那

---

① 《马克思恩格斯全集》第 2 卷，人民出版社 1957 年版，第 177 页。

么，概念、理念、精神，就更加必须称为观念的了；而感性的个别
事物，在本原、概念中，尤其是在精神中，是作为观念的，作为被
扬弃了的。"①这里的观念论即唯心论。黑格尔还明确地说："这种认
为有限物具有理想性的看法，是哲学上的主要原则。因此每一真正
哲学都是理想主义。"②这里理想主义即唯心主义。可见，理想性原
则就是认观念（概念、理念、精神等）为世界的本原，客观事物是
观念的派生的客观唯心主义原则。

（2）思维与存在同一原则。黑格尔说："客观思想一词最能表明
真理——真理不仅应是哲学所追求的目标，而且应是哲学研究的绝
对对象。但客观思想一词立即提示出一种对立，甚至可以说，现时
哲学观点的主要兴趣，均在于说明思想与客观对立的性质和效用，
而且关于真理的问题，以及关于认识真理是否可能的问题，也都围
绕思想与客观的对立问题而旋转。"③"思想的真正客观性应该是：
思想不仅是我们的思想，同时又是事物的自身（an sich），或对象性
的东西的本质。"④这就是说，哲学所追求的目标和研究的对象是真
理，而在黑格尔的客观唯心主义原则下，所谓真理就是客观思想；
所谓客观思想，就是思维与存在同一。所谓思维与存在同一，就是
思维是有内容的思维，是扬弃存在于自身的思维；同一不是同一于
存在，而是同一于思维。

（3）实体即主体原则。黑格尔说："一切问题的关键在于：不仅
把真实的东西或真理理解和表述为实体，而且同样理解和表述为主
体。"⑤并解释说："而且活的实体，只当它是建立自身的运动时，它
才真正是个现实的存在，或换个说法也一样，它这个存在才真正是

---

① 黑格尔：《逻辑学》上卷，杨一之译，商务印书馆 1966 年版，第 156 页。
② 黑格尔：《小逻辑》，贺麟译，商务印书馆 1980 年版，第 211 页。
③ 黑格尔：《小逻辑》，贺麟译，商务印书馆 1980 年版，第 93 页。
④ 黑格尔：《小逻辑》，贺麟译，商务印书馆 1980 年版，第 120 页。
⑤ 黑格尔：《精神现象学》上册，贺麟、王玖兴译，商务印书馆 1979 年版，第 10 页。

主体。实体作为主体是纯粹的简单的否定性，唯其如此，它是单一的东西的分裂为二的过程或树立对立面的双重化过程，而这种过程则又是这种漠不相干的区别及其对立的否定。所以惟有这种正在重建其自身的同一性或在他物中的自身反映，才是绝对的真理，而原始的或直接的统一性，就其本身而言，则不是绝对的真理。"①黑格尔的实体就是精神，黑格尔的主体也是精神，但是自己运动着的精神。当把实体理解为主体时，实体是活动的（运动的）主体，主体是精神的实体，实体与主体是同一个东西即精神自身从两方面去理解而已。实体即主体原则，表明真理是过程，是具体，是全体。它既坚持从精神自身去解释自身，又坚持从发展过程去展现精神，从而解决了思维与存在怎样同一的问题，阐明思维与存在的同一不是抽象的同一，而是具体的、包含差别的同一，这种具体是精神在自身运动中展现出来的。黑格尔的辩证法，就是实体即主体的运动法则。

　　以上黑格尔哲学的三个原则，既是一个逻辑系列，又是一个统一整体。后面的原则是对前面的原则的展开、丰富和贯彻，因而包含前面的原则在内。前面的原则指导着、潜伏于、并有待发展出后面的原则。第一个原则的确立，使黑格尔哲学继承了柏拉图哲学传统，奠定了客观唯心论的基础。第二个原则的确立（吸取了斯宾诺莎哲学的实体），使黑格尔哲学有别于柏拉图哲学，是对柏拉图哲学的扬弃。第三个原则的确立（吸取了费希特哲学的主体），使黑格尔哲学有别于谢林哲学，是对谢林哲学的扬弃。这三个原则的统一，就是黑格尔对前人哲学的扬弃，就是黑格尔自己哲学的建立。理想性原则是首要原则，思维与存在同一原则是核心原则，实体即主体原则是关键原则。由于后面的原则已包含前面的原则在内，所以实体即主体原则可以看作对黑格尔哲学的高度概括，黑格尔哲学可以

① 黑格尔：《精神现象学》上册，贺麟、王玖兴译，商务印书馆 1979 年版，第 11 页。

看作实体即主体原则的贯彻与展开。分开来看，第一个原则是黑格尔哲学的糟粕；黑格尔哲学的合理内核，主要涵盖在第二个、第三个原则中，它们为马克思主义哲学所吸收。

二、黑格尔哲学的客观唯心主义的表现

黑格尔哲学的首要原则——理想性原则，就是主张客观唯心主义。客观唯心主义是黑格尔哲学的基础，贯穿于黑格尔全部哲学，因此，黑格尔哲学的客观唯心主义的表现无处不在。其表现最有说服力的莫过于黑格尔哲学的原文。但为论述方便起见，对于表现黑格尔哲学的客观唯心主义的散见于各处的原文，在此只能择其要者若干。

> 前面已经指出过，并且一般也都承认，本性，独特的本质以及在现象的繁多而偶然中和在倏忽即逝的外表中的真正长在的和实质的东西，就是事物的概念，就是事物本身中的共相，正如每个人，尽管是无限独特的，但在他的一切独特性中，首先必须是人，犹之乎每一头兽首先必须是兽一样。[1]
>
> 思想不仅仅是单纯的思想，而且是把握永恒和绝对存在的最高方式，严格说来，是唯一方式。[2]
>
> 理性是世界的灵魂，理性居住在世界中，理性构成世界的内在的、固有的、深邃的本性，或者说，理性是世界的共性。[3]

---

[1] 黑格尔：《逻辑学》上卷，杨一之译，商务印书馆 1966 年版，第 14 页。
[2] 黑格尔：《小逻辑》，贺麟译，商务印书馆 1980 年版，第 66 页。
[3] 黑格尔：《小逻辑》，贺麟译，商务印书馆 1980 年版，第 80 页。

　　但真正讲来，只有感官可以觉察之物才是真正附属的，无独立存在的，而思想倒是原始的，真正独立自存的。[①]

　　概念的观点一般讲来就是绝对唯心论的观点。……其实正与此相反，概念才是一切生命的原则，因而同时也是完全具体的东西。[②]

　　我们以为构成我们表象内容的那些对象首先存在，然后我们主观的活动方随之而起，通过前面所提及的抽象手续，并概括各种对象的共同之点而形成概念，——这种想法是颠倒了的。反之，宁可说概念才是真正在先的。事物之所以是事物，全凭内在于事物并显示它自身于事物内的概念活动。[③]

　　概念乃是内蕴于事物本身之中的东西；事物之所以是事物，即由于其中包含概念，因此把握一个对象，即是意识着这对象的概念。[④]

以上这些都是黑格尔主张客观唯心主义的直接表述。

三、黑格尔持客观唯心主义的理由

　　黑格尔作为辩证法大师、集大成的哲学家，在追求真理的道路上，却态度鲜明、立场坚定地皈依客观唯心主义。那么，黑格尔为什么持客观唯心主义的世界观？或者说，黑格尔持客观唯心主义的理由是什么？这是考察黑格尔客观唯心主义的认识根源的

[①] 黑格尔：《小逻辑》，贺麟译，商务印书馆1980年版，第119页。
[②] 黑格尔：《小逻辑》，贺麟译，商务印书馆1980年版，第327页。
[③] 黑格尔：《小逻辑》，贺麟译，商务印书馆1980年版，第334页。
[④] 黑格尔：《小逻辑》，贺麟译，商务印书馆1980年版，第339页。

切入点。

黑格尔并没有专门就这个问题做出说明，因为在他看来，这是不言而喻的，是大家都承认的，就如几何学的公理一般无须做出解释与证明。黑格尔说："每一种哲学本质上都是观念论，或至少以观念论为原则，问题只是这种原则真的贯彻了多少而已。……一种哲学，假如把有限的实有本身也算作真的、最后的、绝对的有，就不配承当哲学这个名字；……"①又说："阿那克萨戈拉（Anaxagoras）被赞美为第一个说出这样思想的人，即：心灵（nus）、思想，是世界的本原，世界的本原须规定为思想。"②不过，我们仍然可以从黑格尔著作的原文中找出他持客观唯心主义的理由。下面摘引一些散见于黑格尔主要著作中的原文：

> 感性的东西是个别的，是变化的；而对于其中的永久性的东西，我们必须通过反思才能认识。……从上面所有这些例子里，可以看出反思作用总是去寻求那固定的、长住的、自身规定的、统摄特殊的普遍原则。这种普遍原则就是事物的本质和真理，不是感官所能把握的。③
>
> 只有思想才是存在着的事物的本质。④
>
> 感官所知觉的事物无疑地是主观的，因为它们本身没有固定性，只是漂浮的和转瞬即逝的，而思想则具有永久性和内在持存性。⑤
>
> 唯物论认为物质的本身是真实的客观的东西。但物质本身已经是一个抽象的东西，物质之为物质是无法知觉的。

---

① 黑格尔：《逻辑学》上卷，杨一之译，商务印书馆 1966 年版，第 156 页。
② 黑格尔：《逻辑学》上卷，杨一之译，商务印书馆 1966 年版，第 31 页。
③ 黑格尔：《小逻辑》，贺麟译，商务印书馆 1980 年版，第 76 页。
④ 黑格尔：《小逻辑》，贺麟译，商务印书馆 1980 年版，第 109 页。
⑤ 黑格尔：《小逻辑》，贺麟译，商务印书馆 1980 年版，第 119 页。

所以我们可以说，没有物质这个东西，因为就存在着的物质来说，它永远是一种特定的具体的事物。①

在这个地方应加注意的首要之点是，纯粹的物质只是我们抽除了观看、感受、品位等等活动之后剩余下来的那种东西，即是说，纯粹物质并不是所看见的、所感受的、所觉到的等等东西；被看见了的、被感受了的、被尝到了的东西，并不是物质，而是颜色、一块石头、一粒盐等等；物质勿宁是纯粹的抽象。②

换句话说，两派启蒙都没有达到象笛卡尔那样的形而上学概念，都没理解，存在和思维两者自在地即是同一个东西，都没想到，存在、纯粹的存在不是一种具体的现实，而是纯粹的抽象，并且反过来说，两派都没有看到，纯粹的思维，自身等同性或本质，一方面，是自我意识的否定物，因而是存在，另一方面，作为直接的简单性，也同样不是什么别的，正是存在；思维就是物性（Dingheit），或者说，物性就是思维。③

据此，我们可以将黑格尔持客观唯心主义的理由概括为五点：

（1）概念（理念、精神）是事物的本质，故为世界的本原。

（2）概念是永恒的，故是世界的本质。追求永恒的东西，是黑格尔哲学的使命，黑格尔把哲学真理与永恒的东西看成一回事。上帝是永恒的，故在黑格尔心中，上帝就是真理的化身。概念之所以是世界的本原，关键在于概念是永恒的。

① 黑格尔：《小逻辑》，贺麟译，商务印书馆1980年版，第115页。
② 黑格尔：《精神现象学》下册，贺麟、王玖兴译，商务印书馆1979年版，第108页。
③ 黑格尔：《精神现象学》下册，贺麟、王玖兴译，商务印书馆1979年版，第110页。

（3）感性识见是主观的，故不是世界的本原。黑格尔认为，感性识见随个别事物变化而变化，随人的感觉不同而不同，不具有客观性，不是世界的本原。

（4）个别可感事物变化无常，生灭不定，没有客观现实性，故不是世界的本原。黑格尔说："古代或近代哲学的本原，如水或物质或原子，都是思想、共相和观念物，而不是直接当前的、感性中的个别事物，甚至那个泰列士的水也不是；因为它虽然也是经验的水，但是除此而外，它又同时是一切其他事物的自在或本质，这些事物并不是独立的，以自身为基础的，而是从一个他物，即从水建立起来的，也就是观念的。"①这就是说，即使泰勒斯的"水"也不是个别事物，而是共相，是观念；个别事物是变化易逝的，不能立为世界的本原。

（5）物质是纯粹的抽象，因此也是概念、思维。黑格尔认为，说物质是世界的本原，实际上仍不过是在说，概念、思维是世界的本原。

黑格尔正是通过对概念的推崇，对感性识见的客观性的否认，对个别事物的现实性的否认以及对物质范畴的曲解，来坚持客观唯心主义的。

顺便指出，作为世界本原的概念，黑格尔是指逻辑概念，如存在、本质、理念、精神、绝对理念等，而不是人们日常使用的概念，如房屋、水果等。

四、黑格尔持客观唯心主义的理由的合理之处

我们考察黑格尔客观唯心主义的认识根源，不是一般地驳斥黑格尔持客观唯心主义的理由，而是只有分析并承认其合理之处，才能更清楚地指出其错误之处。依黑格尔持客观唯心主义的理由为五

---

① 黑格尔：《逻辑学》上卷，杨一之译，商务印书馆 1966 年版，第 156 页。

点，则其理由的合理之处相应也为五点。

（1）黑格尔看到概念的内容是事物的本质，前面说到过，概念作为对客观事物的思维或观念的把握，从形式上看远离客观事物，从内容上看却接近客观事物，是事物的本质。相反，感知作为对客观事物的思维或观念的把握，从形式上看离客观事物更近，从内容上看却离客观事物更远，是事物的现象。把握了事物的本质，才是对事物的（理性）具体把握，而把握事物的现象，还只是对事物的（感性）抽象把握。哲学概念（黑格尔的逻辑概念）与日常概念都具有把握客观事物的本质的特点，两者只是抽象的程度不同，从而对事物的本质的把握的层次、深度有所不同而已。黑格尔只看到逻辑概念的内容是事物的本质，而没看到日常概念的内容也是事物的本质，这初步显示黑格尔对概念的认识的局限。借助概念，借助理性思维把握世界是使人类从其他物种中脱颖而出并成为世界的主人的必要条件和重要标志。对概念、理性的弘扬，只要不抬高到世界本原的高度，是怎么也不过分的。

（2）黑格尔看到概念具有稳定性和持久性，概念作为对客观事物的思维把握，从内容上看是客观事物的本质，呈客观实在形态，从形式上看远离客观事物，呈观念形态。一个事物有没有稳定性和持久性由它的内容决定，它的形式只要为此提供可能即可。事物的本质是事物的根本的固有的属性，与事物自身同在，相对于事物的现象及非根本属性来说，具有稳定性和持久性。远离客观事物的观念形态，不仅为客观实在的内容提供稳定性和持久性的可能，甚至提供了永恒性的可能，因为远离客观事物的观念形态具有在客观事物消灭之后永久留存的可能。概念是形式与内容的对立统一，对概念的这两个方面的分析表明，概念具有稳定性和持久性。

（3）黑格尔看到感性识见具有主观性，前面说到过，凡是意识，不论感性意识还是理性意识，都有主观性。这里的主观性，指意识在形式上离开客观事物而呈观念形态。正是就意识的在形式上的主观性而言，意识不是客观事物，而是客观事物的观念形态。就意识具有主观性这点而言，感性意识与理性意识是一样的，不存在哪个更主观哪个更客观的问题。另外，感性意识还因感知的环境、手段和感知主体能力的差异而在内容上具有相对性，我们也称这是感性意识的主观性。但这里的主观性，指感性意识的内容的不确定性。如果就感性意识的主观性指内容上的不确定性这一点而言，理性意识在内容上比感性意识不仅更深刻而且也更客观。

（4）黑格尔看到个别事物的生灭变化，个别事物作为个别的存在，是运动的、变化的，有生灭的；就其运动来说，它没有稳定性，就其存在来说，它没有持久性。个别事物既然如此不可靠，又谈何立为世界之本原。

（5）黑格尔看到物质范畴的离开客观事物的一面，前面说到过，一切概念均具有离开客观事物的一面。概念离开客观事物有程度的不同，依此可以对概念进行层次划分；作为哲学最高范畴的物质范畴，离客观事物最远。

五、黑格尔持客观唯心主义的理由的错误之处

依据黑格尔持客观唯心主义的理由为五点，则其理由的错误之处相应也从五个方面来分析。

（1）黑格尔没有真正看到概念是主观形式与客观内容的对立统一，而是最终割裂两者，仅看到概念的客观内容的一面。

其实黑格尔已经看到逻辑概念的客观性与主观性，但终究没有对它们及其关系达到正确的认识。黑格尔认为，逻辑概念具有客观的内容，摆脱了感性的痕迹，是"阴影的王国"；至于一般人把这个阴影的王国看作只是形式，这只在一定范围内是对的，或者说是偏

见。由于黑格尔哲学贯彻实体即主体的原则，逻辑概念是不断自己设立对立面又扬弃对立面返回自身的双重化运动过程，因此，逻辑学中的概念的主观环节不过是概念自己设立起来的，丝毫不改变逻辑概念的客观性质。

对于人们日常所说的概念，黑格尔的看法是不一致的、比较混乱，时而仅看到日常概念的客观内容，时而仅看到日常概念的主观形式。例如，他说："在日常生活里，怎么会有人只是要水果，而不要樱桃、梨和葡萄，因为它们只是樱桃、梨、葡萄，而不是水果。……依此种说法，就好像樱桃并不是水果似的。"①这里，黑格尔承认诸如"水果"这样的日常概念，并不仅是主观形式的抽象，而且是有客观内容的抽象。但是，黑格尔在另一处又明确否认日常概念的客观内容。他说："至于一般人所说的概念，诚然是特定的概念，例如人、房子、动物等等，只是单纯的规定和抽象的概念。这是一些抽象的东西，它们从概念中只采取普遍性一成分，而将特殊性、个体性丢掉，因而并不是从特殊性、个体性发展而来，而是从概念里抽象出来的。"②可见，黑格尔并没有真正弄清楚日常概念的主观形式与客观内容及两者的关系。

黑格尔一方面将逻辑概念（即哲学概念）与日常概念截然分开，认为两者性质完全不同，逻辑概念是客观的，它的主观性只是客观性的环节，而日常概念是有限事物的知性概念，没有真正现实性和客观性；另一方面对日常概念的主观形式与客观内容又混淆不清。这说明黑格尔对概念的认识总体上还是混乱的。

作为辩证法大师，黑格尔比以往的哲学家都要高明，但他的辩证法仍然是不彻底的，最终陷入形而上学。就黑格尔认逻辑概念是事物的本质这点而言，黑格尔终究没有看到概念是主观形式

---

① 黑格尔：《小逻辑》，贺麟译，商务印书馆 1980 年版，第 55 页。
② 黑格尔：《小逻辑》，贺麟译，商务印书馆 1980 年版，第 335 页。

与客观内容的对立统一，而仅抓住概念的客观内容的一面。把概念仅看成客观的东西，是把概念推向世界本原高度的决定性步骤，这样就走向客观唯心主义。前面说过，概念从内容上看是客观事物的本质，是客观的，从形式上看呈现为理性意识的观念形态，是主观的。概念在内容上无论怎样与事物的本质一致，无论怎样的客观，它都摆脱不了它的形式——观念形态。因此，概念作为主观形式与客观内容的对立统一，完整地看，不是事物的本质，而是事物的本质的反映。如果说，把事物的本质确立为世界的本原尚有欠缺的话，那么，把事物的本质的反映确立为世界的本原则显然是客观唯心主义。

（2）黑格尔认为概念是永恒的，其错误分析如下：① 黑格尔利用了概念的离开事物的观念形态这个形式，或是被这个形式所蒙蔽、误导。概念形式上离开事物的观念形态，摆脱了事物形态的有限性，逻辑上具有无限和永恒的可能。黑格尔把逻辑上的永恒当成实际上的永恒，再把概念形式上的永恒看成概念本身（内容和形式的统一）的永恒。② 一方面，黑格尔没有彻底贯彻他的辩证法，在看待事物的本质时，割裂静止与运动（变化）的辩证关系，只看到事物的本质的静止的一面，没看到它的变化的一面，从而把事物的本质的相对稳定性看成永恒性。其实事物是不断运动的，其本质也是变化的。事物运动产生量变，量变到一定程度发生质变，旧事物及其质就变成新事物及其了了。事物的质会发生变化，事物的本质也会发生变化，只是本质的变化相对来说需要更长时间。另一方面，事物的本质是概念的内容，黑格尔只抓住概念的内容的一面，把概念的内容（事物的本质）说成概念；在概念的形式（观念形态）在逻辑上为概念的内容的永恒提供了可能的情况下，再把概念的内容（事物的本质）的永恒说成概念的永恒。③ 概念的离开客观事物的这个形式（观念形态）其实也不是永恒的。因为观念形态的产生赖于人脑的机能，人脑是观念形态产生的必要物质条件，没有人脑就不会有观念形态；而说人脑或人是永恒的是没有科学根据的，故而观念形态其实也不是永恒的。

在我看来，概念作为事物的本质的反映，它的矛盾、运动，归根到底源于概念所反映的事物的矛盾、运动。事物是运动、变化的，那么反映事物的概念也是运动、变化的。所以认为概念是永恒的是完全错误的。

（3）黑格尔不知道感性识见也是主观形式与客观内容的对立统一，而仅抓住其主观形式的一面。感性识见的客观性，指感性识见的内容是所感知的事物本身，即呈现为现象的事物自身。否认感性识见的客观性，会导致不可知论或客观唯心主义。感性识见的客观性与理性意识的客观性一样，都来自同一事物、同一对象，它们的差别在于它们的客观性内容的层次不同，而且有质的区别。感性识见把握事物的现象层次，理性意识把握事物的本质层次。不过，感性识见虽具有客观性，但同时具有主观性，故仍不可作为世界的本原。

（4）黑格尔认为个别事物变化无常，生灭易逝，没有稳定性和持久性，其错误之处在于：① 割裂个体与全体的辩证关系，只看到个体。个别事物的存在，既表现为个体，又表现为全体的一部分。因为世界是普遍联系的，孤立的个体并不存在，整个世界就是由无数个别事物的个体构成的全体。个体有生灭，全体则恒常存在，全体并不因个体的增减而增减，因为一些个体灭亡了，另一些个体又产生了，这就是物质不灭原理。故仅看到个别事物的生灭易逝是不全面的，还要看到由个体构成的全体却是恒常存在的。个别事物不可以立为世界本原。但由个别事物构成的全体可以立为世界的本原，这样的全体就是物质；物质是对个别事物的全体的抽象。② 割裂运动与静止的辩证关系，只看到运动。个别事物是运动变化的，但同时又是相对静止的，具有稳定性的一面，也可以去把握。

（5）黑格尔认为，物质是纯粹抽象，说物质是世界的本原，无异于说思维是世界的本原，其错误之处分析如下：① 黑格尔割裂物质范畴的主观形式与客观内容的对立统一，只看到它的主观形式的一面，没看它的客观内容的一面，从而把物质看成纯粹抽象。② 当黑格尔把物质范畴看成纯粹抽象后，把它等同于他的"有"或"存在"这样的逻辑概念，也就是把物质看成纯粹思维了。

这里有必要指出，黑格尔对逻辑概念的客观性的规定与我们的理解不同。黑格尔承认在认识论上，思维起于感性意识，并且要经过一个漫长而艰苦的认识过程，最后才达到纯粹思维。但在本体论上，黑格尔认为逻辑概念及其客观性是先天的，有限事物和后天经验不是逻辑概念的来源依据反而是它的产物。我们认为，逻辑概念既然是纯粹抽象，就不会包含有客观内容；反之，逻辑概念既然包含有客观内容，就不是纯粹抽象。因此，这显示出黑格尔哲学的一个矛盾，即客观唯心主义与现实世界之间的矛盾。黑格尔推崇精神，这是大家都知道的，但黑格尔与其他唯心主义哲学家不同之处在于他同时注重现实，因此之故，黑格尔哲学才充满辩证法和富有历史感。黑格尔认为，精神的东西如果没有实现出来还不是真理，只有实现了的精神才是真理，实体即主体原则就是要将精神实现出来。所以，这个矛盾也是黑格尔哲学的客观唯心主义与辩证法之间的矛盾。其实，唯心主义最终会窒息辩证法，彻底的辩证法只能与唯物主义相结合。

六、黑格尔客观唯心主义的认识根源

通过以上层层分析，特别是最后对黑格尔持客观唯心主义的理由的错误之处的考察，黑格尔客观唯心主义的认识根源已昭然若揭。

（1）对于逻辑概念，黑格尔只看到客观内容的一面，没看到主观形式的一面，把逻辑概念看成事物的本质、世界的本原，直接陷入客观唯心主义。

（2）对于物质范畴，黑格尔只看到主观形式的一面，没看到客观内容的一面，否定物质的客观实在性，把物质说成纯粹抽象、纯粹思维。

（3）对于感性识见，黑格尔只看到主观形式的一面，没看到客观内容的一面，把感性识见说成完全主观的东西，为他持客观唯心主义排除障碍。

（4）对于个别事物，黑格尔只看到个体、运动的一面，没看到全体、静止的一面，否认个别事物的现实性，为他持客观唯心主义排除障碍。

（5）对于逻辑概念的稳定性和持久性，黑格尔一方面割裂逻辑概念的主观形式与客观内容的对立统一，把概念主观形式的持久性看成概念的持久性；另一方面割裂逻辑概念的静止与运动的对立统一，只看到它的静止的一面，没看到它的运动的一面，把逻辑概念看成永恒的，为他持客观唯心主义寻求最终理由。①

以上五点，关键在第一点。也就是说，黑格尔客观唯心主义的认识根源，关键在于割裂概念的主观形式与客观内容的对立统一，只看到它的客观内容的一面，没看到它的主观形式的一面。

---

① 这一论述显示笔者当时对黑格尔哲学的理解还不到位，仍然以知性思维去理解黑格尔哲学。其实黑格尔哲学的逻辑概念既是运动的又是永恒的，黑格尔哲学就是要把各种对立（包括运动与永恒的对立）统一起来。其他有的论述也显示笔者当时对黑格尔哲学的理解还不够深入。——笔者注。

第三节　主观唯心主义与客观唯心主义的
认识根源之比较

由于贝克莱哲学和黑格尔哲学分别是主观唯心主义和客观唯心主义的典型，相应地，贝克莱主观唯心主义的认识根源和黑格尔客观唯心主义的认识根源分别可看作主观唯心主义的认识根源和客观唯心主义的认识根源的典型。因此，主观唯心主义与客观唯心主义的认识根源之比较，实际上是基于贝克莱主观唯心主义与黑格尔客观唯心主义的认识根源之比较。

一、主观唯心主义与客观唯心主义的认识根源的
不同之处

通过对贝克莱主观唯心主义和黑格尔客观唯心主义的认识根源的考察，我们可以比较出主观唯心主义与客观唯心主义的认识根源的不同之处。

（1）主观唯心主义仅抓住感性意识的客观内容（所以把感知看作世界本原），否认理性意识的客观内容；相反，客观唯心主义仅抓住理性意识的客观内容（所以把理念看作世界的本原），否认感性意识的客观内容。

（2）主观唯心主义仅看到理性意识的主观形式，没看到感性意识的主观形式（所以把感知看作世界本原）；相反，客观唯心主义仅看到感性意识的主观形式，没看到理性意识的主观形式（所以把理念看作世界的本原）。

（3）主观唯心主义从否认理性意识出发，否认物质范畴的客观

内容，认为物质是虚无；客观唯心主义从承认理性意识出发，仅抓住物质范畴的主观形式，没看到物质范畴的客观内容，认为物质是纯粹抽象、纯粹思维，使它成为符合客观唯心主义的一个范畴。

二、主观唯心主义与客观唯心主义的认识根源的共同之处

通过对贝克莱主观唯心主义和黑格尔客观唯心主义的认识根源的考察，我们可以比较出主观唯心主义与客观唯心主义的认识根源的共同之处。

（1）两者都割裂意识的主观形式与客观内容的对立统一，只看到它的客观内容的一面，没看到它的主观形式的一面。

（2）在（1）的基础上，两者都否认唯物主义的物质范畴，否认物质的客观实在性。

以上两点，关键的是（1）。由于主观唯心主义和客观唯心主义是唯心主义的两种基本形式，因此，两者的认识根源的共同之处实际上就是唯心主义的认识根源。

综上所述，唯心主义的认识根源，尽管林林总总，有许多旁枝末节的方面，但关键的一点，就是割裂意识的主观形式与客观内容的对立统一。不论只看到意识的哪一面，实际上都是把另一面消融为这一面；又不论是客观融入主观，还是主观融入客观，实际上都是混淆主客观，等同主客观，结果都是唯心主义。当只看到感性意识的客观内容时，是主观唯心主义；当只看到理性意识的客观内容时，是客观唯心主义；当只看到感性意识的主观形式时，是客观唯心主义或不可知论；当只看到理性意识的主观形式时，是主观唯心主义或不可知论。

唯心主义的认识根源的其他方面，一般也是把对事物的认识的

某个侧面或事物的某种属性过分夸大和绝对化，总而言之是用形而上学的观点看问题的结果。但唯心主义的认识根源的其他方面最终要转移到上述唯心主义的认识根源的关键方面，只有通过这个关键方面才能最后体现为唯心主义。

第四节 关于唯心主义

一、关于唯心主义的认识根源

唯心主义，在哲学基本问题上主张意识第一性，是世界的本原；物质第二性，是意识的派生。如果世界上没有产生意识，当然不会有唯心主义。为什么意识出现后，就会产生唯心主义呢？从认识根源看，就在于意识是主观形式与客观内容的对立统一，而人们通常进行意识活动，注意到的仅是意识的客观内容的一面，不关注到它的主观形式，因此容易把主观形式的一面忽视。将意识立为世界本原，关键在于意识有客观内容，但将意识立为世界本原，就不仅仅是进行通常的意识活动，而是把意识本身作为思考对象，这时就需要充分注意到意识的主观形式，不要让它的主观形式被它的客观内容所掩盖。唯心主义者正是失足于此，只看到意识的客观内容的一面，没看到意识的主观形式的一面。

通过对主观唯心主义与客观唯心主义的认识根源的考察和比较，唯心主义的认识根源已基本明确。关于唯心主义的认识根源，下面再作几点补充说明。

（1）以上我们是从狭义的认识过程来考察唯心主义的认识根源。而广义的认识过程，是包括实践在内的，实践才是认识的起点和终点。从广义的认识过程看，显然认识与实践相脱离，也是导致唯心主义的认识根源。实践是认识的源泉，也是检验真理的最终途径，如果一个问题在理论上纠缠不清，或理论还未强大到足以将一个谬误驳倒，最好的办法是付诸实践，通过实践去裁判。在实践面前，任何谬误都将不攻自破，唯心主义自然亦无立足之地。但实践证明是谬误的东西，对于这种谬误的认识根源，实践本身并不会直接告诉我们，还需要我们回到理论中去探讨。因此，认识与实践相脱离，是唯心主义的间接认识根源和最终认识根源，而唯心主义的直接认识根源，则是割裂意识的主观形式与客观内容的对立统一，只看到它的客观内容的一面，没看到它的主观形式的一面。

（2）唯心主义的认识根源，站在认识过程之外看，则是夸大了意识的能动性。意识的能动性是意识的本质属性。它首先表现在意识本身；意识是对事物的抽象和反映，这就是意识的基本能动性。它其次表现在意识对物质的反作用。前者是基本，后者是在前者的基础上产生的，进一步展现前者并使意识的能动性得到充分的发挥。在现实生活中，意识的反作用的威力，为人们误以为意识是世界的本原提供了依据，例如木匠根据桌子的理念然后制造出桌子，工程师根据桥梁的蓝图然后建造出桥梁。意识的巨大反作用使人们关注意识本身。当人们对意识本身进行考察，也被意识的能动性所迷惑，不能正确认识而夸大它时，就陷入唯心主义。夸大意识的能动性，就是夸大意识。所谓夸大意识，就是只看到意识的客观内容，而忘却它的主观形式，把意识从派生地位抬高到本原地位。

既然意识本身是能动性的基本所在，我们来看看意识本身的能动性。意识是客观事物在人脑中的反映。意识从内容上看就是客观事物，否则如果我们的意识的内容不是客观事物，即思维不能与存在同一，那么意识不过混乱一片，世界是不可名状的，这就是不可知论。意识从形式上看又不是客观事物，而是客观事物的观念形态，否则如果我们的意识的形式也是客观的，那么有一百元钱的观念就等于真的有一百元钱。意识这种既是客观事物又不是客观事物的特性，是由意识的抽象作用产生的。所谓意识的抽象作用，指意识把握客观事物时不用直接将客观事物置入人脑，即可以在离开事物的情况下把握事物。这种抽象作用，就是意识的能动性。

意识通常分为感性意识和理性意识。感性意识的产生直接依赖于感觉器官，在感性认识过程中感觉器官是离不开客观事物的。感觉与客观事物的关系是观念与事物的关系，两者是离开的，感觉在人脑中，客观事物在人脑外；感觉器官与客观事物的关系是事物与事物的关系，两者是离不开的，否则感觉不可能产生。理性意识源于感性意识，感性意识赖于感官，感官离不开客观事物，因此任何意识从来源上说都不能离开客观事物，如果认为有离开客观事物的意识，那是十足的唯心主义。但是意识又有离开事物的一面，这就是它的形式一面，它的观念形态，否则就不是意识，而直接是事物本身了。不过，感性意识是意识的初级形式，它体现的能动性也是低级的。只有理性意识才充分体现了意识的能动性，一则在内容上它更加接近事物，二则在形式上它更加远离事物。理性意识的抽象作用远高于感性意识，其间有一个质的飞跃，因此狭义的抽象一般仅指理性意识的抽象。通常人们的感性意识都渗透着理性意识；通常讲意识的能动性，实际上指理性意识的能动性。主观唯心主义者如贝克莱等所指的感性意识，都是渗透着理性意识的，甚至就是理性意识，不过被当作感性意识来论处，因此他们所谓的感性意识比纯粹的感性意识体现着更大的能动性，这是主观唯心主义者夸大感性意识的能动性的一个重要因素。

意识的能动性首先体现为意识的抽象和概括作用。抽象不仅指离开事物的一面，也包括离不开事物的一面；离不开事物的一面，抽象出意识的客观内容，离开事物的一面，抽象出意识的主观形式。

在形式与内容的辩证关系中，内容起决定作用。夸大意识的能动性，就是只看到意识的内容的一面，把意识的内容看成意识，反过来也就是把意识看成意识的内容，看成事物本身，看成世界的本原。当只看到感性意识的内容的一面时，是主观唯心主义；当只看到理性意识的内容的一面时，是客观唯心主义。

（3）唯心主义的认识根源一经揭露，看似原来很简单。其实，真正了解唯心主义的认识根源并不简单。否则，就不会有那么多哲学家主张唯心主义了。

首先，形式与内容这对范畴的辩证关系并不容易弄清。形式与内容的辩证关系就是对立统一的关系。所谓形式与内容的对立统一，是指：一方面，形式是形式不是内容，内容是内容不是形式，形式与内容是有区别的两个东西，这是它们的对立；另一方面，形式不能离开内容而存在，内容不能离开形式而存在，而且形式就是内容，内容即是形式，两者是同一个东西而不是两个东西，只不过是同一个东西的两个方面而已，这是它们的统一。任何事物（物质的或意识的）都是形式与内容的对立统一，只看到形式不对，只看到内容不对，只看到两者的对立不对，只看到两者的统一不对，只有看到两者的对立统一，才是看到了完整的事物，才是认识到事物本身。

其次，意识是主观形式与客观内容的对立统一并不容易弄清。贝克莱的存在就是被感知，黑格尔的存在就是思维，都是从"存在的确证离不开意识"的合理观点，得出"存在离不开意识"的谬论，原因关键就在于不知道意识是主观形式与客观内容的对立统一，而割裂、混淆、等同意识的两个方面。每当人们言及某物时，某物已经是意识了；人们不能离开意识来谈存在，因此误认为存在离不开意识。其实，言及某物是意识，但某物不是意识，意识也不是某物；某物只是言及某物的内容，即意识的内容。言及某物，即意识，包含了某物的内容，但这个内容，即某物，总要采取言及某物即意识自身这个形式。意识（言及某物）的内容（某物）总是不能离开意识（言及某物）本身这个形式。可见，人们不能离开意识来谈存在，实际上是人们不能离开意识的形式来谈意识的内容，这点是对的；但由此而推出存在离不开意识，这就犯了逻辑错误。从辩证逻辑看是割裂了意识的主观形式与客观内容的对立统一，只看到它的客观内容的一面，没看到它的主观形式的一面。从形式逻辑看是违反了意识的形式是形式、意识的内容是内容的同一律，把意识的形式和内容等同为一个东西。唯心主义的认识根源，关键就在这。

（4）人们不了解唯心主义的认识根源，一个重要原因是不了解意识的本质。意识的本质有两点主要内容，首先意识是客观事物在人脑中的反映，其次意识是人脑的机能。意识是客观事物在人脑中的反映，这就表明意识是主观形式与客观内容的对立统一，意识从形式上看不是客观事物，从内容上看又是客观事物。意识是人脑的机能，这就从意识的物质承担者上说明意识有赖于物质（人脑）。没有人脑就没有意识，又谈何意识是世界的本原？所以，人们如果能了解意识的本质，是有助于从认识根源上避免唯心主义的。不过，对意识的本质的认识，是有赖于脑科学等诸学科的出现与发展的，因此我们不能归咎在这些学科诞生以前的哲学家没有认识到意识的本质。

二、从认识根源看唯心主义的历史命运

唯心主义的产生，有历史的、社会的、认识的三大根源，但历史根源和社会根源最终要转化到认识根源，并通过认识根源来表现唯心主义，所以我们不妨从认识根源来看唯心主义的历史命运。通过考察，我们已经知道唯心主义的认识根源是割裂意识的主观形式与客观内容的对立统一，只执其一面，以这一面去消融另一面；由

于两者中客观内容是决定性的一面，因而主要是只执其客观内容的一面。从唯心主义的认识根源，我们可以分析出以下三点。

（1）意识是主观形式与客观内容的对立统一，客观上为唯心主义的产生提供了可能。意识是主观形式与客观内容的对立统一，这是由意识的本质决定的。意识的这种两重性，客观上为割裂两者提供了可能，如果意识不存在这种两重性，也就谈不上什么割裂两者了。而割裂两者，正是唯心主义产生的认识根源所在。

（2）人们在认识上割裂意识的主观形式与客观内容的对立统一，则主观上使唯心主义的产生从可能变为现实。对意识的两重性的割裂，是人们认识上的主观行为；当然这个主观行为是在唯心主义的历史根源、社会根源的背景下做出的，但从认识上看则是人们的逻辑错误所致。逻辑上的错误，人们可以认识到并加以避免，但只要产生逻辑错误的历史根源、社会根源还存在，逻辑错误就不会消灭。

（3）唯心主义是割裂意识的两重性，而不是完全抛弃意识的两重性，即是说，唯心主义毕竟抓住了意识的两重性的一个方面，这是唯心主义的合理之处。这个合理之处是唯心主义在内容上能够包含一些积极成果的本体论基础。唯心主义有合理之处，而不纯粹是胡说，这是它能够存在的内在理由或自身根据。如果完全抛弃意识的两重性，将意识虚无化，是不可知论。不可知论是短命鬼，大多数人都不承认或不追随它；唯心主义比不可知论要合理得多，所以有生命力。如果说认识到意识的两重性是真理，那么割裂意识的两重性虽属谬误却是真理的一个环节。我们知道，意识是物质的产物，意识源于物质又终归于物质，世界统一于物质。意识是物质世界的一个环节，物质从自身中异化出意识，然后又扬弃这个异化复归自身，物质的这个运动过程，与黑格尔的精神运动过程正相反。从这个意义上说，主张意识是第一性的唯心主义，在理论形态上实际上是主张物质是第一性的唯物主义的一个环节。不过，意识是物质的环节是客观的，因而是不可避免的；唯心主义是唯物主义的一个环节是认识上的，是主观的，因而是可以避免的。

可见，从唯心主义的认识根源看，唯心主义的产生和存在，既有可能的客观基础也有主观因素；唯心主义虽根本上是荒谬的，但也有合理之处。因此，对于唯心主义的历史命运，我们可以说，只要唯心主义产生和存在的主观因素不能消除（它的主观因素的消除有赖于它的历史根源和社会根源的消除），唯心主义就不能消除。

三、如何对待唯心主义

正因为唯心主义包含合理之处，所以它可以对世界做出解释。唯心主义首先坚持可知论，认为世界是可以认识和解释的，这不同于不可知论。不可知论使意识虚无化，认为存在不可知，这样又使存在虚无化；不可知论既然使意识和存在都虚无化，本身谈不上主张唯心主义还是唯物主义，但从它的归宿看，不可知论最终落入唯心主义。唯心主义其次坚持一元论，认为意识是世界的本原，这不同于二元论。二元论认为意识和存在并立为世界的本原，在解释世界时必然陷入意识和存在的关系的困境，因而不能贯彻到底，其归宿往往是唯心主义。由于唯心主义可以对世界做出解释，因此，作为哲学两大基本派别之一，唯心主义在哲学史上也取得了不少积极成果，而且这些成果正是当时与它对立的旧唯物主义难以达到的。

（1）唯心主义的积极成果。

第一，唯心主义弘扬了人的主体性。人的主体性，就是人的能动性和创造性，表现为人们认识和改造世界的一种能力。人因主体性而使世界主客分化，使世界成为对象化的、为人所把握的世界，确立了人在世界的主人翁地位。旧唯物主义，由于历史的局限和形而上学的思维，都没充分注意到意识的能动性从而充分认识到人的主体性。相反，唯心主义由于主张意识是世界的本原，夸大意识的能动性，从而使人的主体性得到弘扬。唯心主义在哲学某些领域的探讨要比旧唯物主义深入得多，就得益于抓住了人的主体性。

第二，唯心主义高度发展了辩证法。辩证法是客观世界运动的最一般的法则。当辩证法为人们所认识时，一切辩证法都是主观辩证法。主观辩证法源于客观辩证法，两者在内容上不是两个辩证法，而是指同一个辩证法。辩证法根本上是科学的，唯物主义根本上也是科学的，如果两者有机结合，就是科学的世界观，但这是很难真正做到的，哲学的发展只有到了马克思、恩格斯那里才实现了这个结合。在马克思主义哲学产生以前，辩证法或者与唯物主义相分离，或者与唯物主义结合不彻底，结果两者都没得到充分发展。辩证法虽然也有与唯心主义相脱离的情况，但总体上看，倒是唯心主义与辩证法结合得更紧密，从而发展、丰富了辩证法。辩证法在唯心主义那里得到更大发展，这无不与唯心主义弘扬人的主体性有关。唯心主义把意识当作运动的动力和源泉，黑格尔的辩证法就是在实体即主体的原则下展开的。唯心主义凭借意识的能动性，阐述意识的运动、变化、发展，而实际上所反映的却是客观世界的运动、变化、发展。辩证法就是这样在唯心主义那里颠倒地得到发展的。当然，辩证法根本上是科学的，唯心主义本根本上是非科学的，辩证法最终不能在唯心主义那里得到完善和贯彻，相反，会遭到窒息。辩证法从根本上讲是客观世界的、物质的而不是意识的运动法则，所以，只有与唯物主义相结合，辩证法才能得到完善和贯彻。

（2）对待唯心主义的态度。

对唯心主义的认识根源的考察，加深了我们对唯心主义的认识。那么，我们如何对待唯心主义呢？鉴于唯心主义本身包含合理之处，以及唯心主义在哲学史上取得一些积极成果，我们应以辩证的态度对待唯心主义。

　　第一，唯心主义从根本上说是正确的世界观的颠倒，是荒谬的，对此我们的态度是批判。唯心主义的荒谬，在于认意识为世界的本原而物质为意识的派生；从认识根源看，在于割裂意识的两重性矛盾，这点已经详细考察过，毋庸赘述。

　　第二，唯心主义一般抓住了意识两重性矛盾的一个方面，这本身有合理之处；而且唯心主义在它的具体流派的丰富内容中，包含许多积极的成果，对此我们的态度是吸收。唯心主义的合理之处和积极成果，已经阐明，毋庸赘述。

　　第三，既然唯心主义从根本上讲是荒谬的，而且我们已经认识到它的认识根源，我们就要自觉地避免唯心主义，而不应借口唯心主义有合理之处和包含积极成果而继续坚持它。由于意识的两重性矛盾是固有的，而且唯心主义的历史根源、社会根源将长期存在，因此，唯心主义的认识根源难以短期消除，唯心主义必然长期存在。由于唯心主义的历史根源、社会根源最终要转化到认识根源上才能体现唯心主义，因此，尽管我们将长期不能消灭唯心主义，却可以做到从认识根源上自觉地尽量避免唯心主义，因为它的认识根源已经被我们了解。如果说，由于唯心主义包含合理之处和积极成果，我们对哲学史上的唯心主义采取扬弃的批判态度是必要的，那么现在，在我们已认识到唯心主义的荒谬及其认识根源的情况下，再借口唯心主义包含合理之处和积极成果而坚持它就没有必要了。唯心主义作为真理的环节，它本身并不是必然的，也就是说，唯心主义并不必然地是真理的环节，真理也并不必然要经过唯心主义这个环节。唯心主义的产生有主观因素的一面，因此唯心主义作为真理的环节未必是客观的、必然的。哲学史上的唯心主义，我们把它当作真理的环节来看，是因为一方面唯心主义有合理之处和包含积极成果，另一方面唯心主义哲学家是在没有自觉认识到唯心主义的荒谬及其认识根源反而认为唯心主义是真理的情况下陷入唯心主义的。

现在，在我们自觉认识到唯心主义的荒谬及其认识根源的情况下，唯心主义作为真理的环节完全是可以避免的，甚至不需要的。唯心主义已经是个主观的环节，在达到真理的道路上，它已经经过了我们的扬弃，对它的扬弃已经成为历史，坚持它是多余的。

现在唯物主义取得了马克思主义哲学的新形态。马克思主义哲学批判继承和吸收哲学史上的优秀成果，一切问题的探讨都可以在马克思主义哲学的基础上和指导下进行。坚持并发展马克思主义哲学就是对真理的坚持和发展，因此，我们应当自觉地坚持唯物主义的而不是唯心主义的世界观。

参考文献

[1] 马克思恩格斯选集（第二卷）[M]. 北京：人民出版社，1995.

[2] 马克思恩格斯选集（第四卷）[M]. 北京：人民出版社，1995.

[3] 马克思恩格斯全集（第一卷）[M]. 北京：人民出版社，1956.

[4] 马克思恩格斯全集（第二卷）[M]. 北京：人民出版社，1957.

[5] 列宁. 唯物主义和经验批判主义[M]. 北京：人民出版社，1960.

[6] 冯契. 哲学大辞典[M]. 上海：上海辞书出版社，2001.

[7] 贝克莱. 人类知识原理[M]. 关文运，译. 北京：商务印书馆，1973.

[8] 黑格尔. 精神现象学（上册）[M]. 贺麟，王玖兴，译. 北京：商务印书馆，1979.

[9] 黑格尔. 精神现象学（下册）[M]. 贺麟，王玖兴，译. 北京：商务印书馆，1979.

[10] 黑格尔. 小逻辑[M]. 贺麟，译. 北京：商务印书馆，1980.

[11] 黑格尔. 逻辑学（上卷）[M]. 杨一之，译. 北京：商务印书馆，

1966.

[12]　贺麟. 黑格尔哲学讲演集[M]. 上海：上海人民出版社，1986.

[13]　姜丕之. 黑格尔哲学论丛[M]. 福州：福建人民出版社，1981.

[14]　全增嘏. 西方哲学史[M]. 上海：上海人民出版社，1983.

后　记

我本来不打算写后记，因为没什么可写，不觉得有写它的必要。但按毕业学位论文的格式要求，后记是最后一道必要环节，因此只好写了。

2004年上半年，我专门读了一些有关黑格尔哲学的书，为做毕业论文做准备。原拟毕业论文写《论黑格尔哲学的三个原则》，但关于这个题目的开题报告我一直写不出，感到自己还没有做这个题目的能力。而我的导师（翁绍军研究员）要求我最迟暑假交毕业论文开题报告给他。于是我另寻论文题目，酝酿了一个自己认为有把握做成的题目——《以贝克莱和黑格尔哲学为例论唯心主义的认识根源》——这就是现在的毕业论文题目。

2004年7月底，我就这个题目写出论文提纲寄给导师。在得到导师回信同意后，我立即酝酿论文腹稿和准备材料，并在9月开学前10天起草了论文的一半。开学后我再花一星期将初稿写完，并在9月底完成了论文的初次修改（手稿）。我大概是班上最早写出毕业论文初稿的。后来的时间我曾准备过考博，但信心不足，因为我想改考经济学专业，感觉难度大。正逢中央政府机关、上海政府机关先后招考公务员，我都报名参加了。12月下旬公务员考试结束，我才专心将毕业论文录成电子稿，兼做第二次修改。由于自己没有电脑，打字也不熟练，结果到2005年3月初才将论文在电脑上定稿。

不幸的是，3 月 16 日下午我在上海交通大学徐汇校区（那里更便宜）打印一份文档时我的移动盘染上病毒，存放在里面的毕业论文（没有其他备份）整篇丢失。我只好照手稿重来一遍，忙到 4 月底才将论文重新整好，并把打印稿交给导师审阅。在导师审阅意见的基础上，最后以现在的样子定稿。

我自己对这篇毕业学位论文并不满意，但要完善它我得花很多时间来读书，这我暂时做不到。

是为后记。

何云松

2005 年 5 月

后　记

　　从 2016 年 3 月到 2017 年 3 月，大约花了一年时间，我把黑格尔生前出版的主要著作和他去世后出版的《哲学史讲演录》读了一遍，并做了一些读书笔记。2017 年 3 月下旬，我花了十天左右整理这些笔记；然后花了一个月左右，于 4 月下旬写出初稿；接下来修改文稿费了约一个星期功夫，文稿就这样杀青了。之后一个月偶有零星文字修改。

　　后来我忙于找工作以及适应新工作，这篇文稿就一直搁着没动过。现在工作刚稳定，我就想起应该将文稿出版，不能这样一直自家放着。一方面，文稿凝结着我多年学习西方哲学特别是一年专门学习黑格尔哲学的心血；另一方面，我认为文稿也有一定学术价值，应该奉献给哲学学术界，特别是西方哲学学术界。在交付出版社之前，我对文稿做了一些删节和细节上的修改，框架和基本内容没有变。

　　趁此机会，我想将我的硕士学位论文《以贝克莱和黑格尔哲学为例论唯心主义的认识根源》作为附录一起出版。一则由于本书正稿字数不多，本子形式上有点单薄；二则我的硕士论文与这篇文稿的研究内容相关，是这篇文稿研究思想的源头（例如"黑格尔哲学的三个原则"的说法在硕士论文中已经提出），而且也没有公开发表过。这篇文稿实际上是完成了我攻读硕士学位时想做而还没有能力做的研究。这篇硕士论文今天读来有的内容显得学养不足（例如对黑格尔哲学的三个原则的逻辑顺序的理解还不成熟）。这次付梓前，我对论文做了一些必要订正，为尊重历史，尽量保留原貌。

本书能顺利出版，我对西南交通大学出版社编辑付出的辛劳，在此一并表示感谢！

何云松

2019 年 7 月 12 日